내가 싫어질 때 읽는 책

내가 싫어질 때 읽는 책

야스토미
아유미
지음

박동섭
옮김

자기혐오에서
벗어나

나답게,
자유롭게,

기분 좋게
살기
위하여

마음친구

'자기혐오'라는 은밀한 폭력

인간 사회는 커뮤니케이션을 주요한 요소로 하여 성립하고 있습니다. 상호학습에 기초한 커뮤니케이션을 통해 성장하는 것, 이것이야말로 인간의 기쁨이고 사회질서의 원천이라고 생각합니다.

그러나 이 커뮤니케이션의 연쇄에는 불가피하게 '폭력'이 잠입합니다. 폭력은 학습을 얼어붙게 만들고, 진실한 소통이 아니라 단지 커뮤니케이션하는 시늉을 하게 만듭니다. 또한 사람들에게 은폐된 공격을 가하고, 자기혐오를 떠안김으로써 지배하고 착취하며 성장을 파괴합니다. 나아가 폭력은 사람들 사이에 연쇄적인 불안을 일으키고, 불안을 먹이 삼아 세력을 확장합니다. 이렇게 해서 외형적 질서화를 가져오지만, 한편으로는 본질적인 무질서를 초래하고 맙니다.

내 생각으로 전근대 사회는 직접적인 폭력에 의한 위협으로 사람들을 굴종시키고 그것을 종교적 권위에 의해 정당화하는 두 가지 전략으로 폭력을 구성하였습니다. 그런데 근대의 국민국가는 그것을 보다 세련된 형태로 '버전업' 하였습니다. 노골적으로 폭력을 행사하는 것이 아니라 가정교육과 학교교육, 언론을 통한 선전이라는 방법으로 '나는 제대로 책임을 수행하지 않고 있다'는 자책의 마음을 조장하는 것입니다. 그리고 이것을 기점으로 각자의 마음에 자기혐오를 심습니다. 게다가 거기에서 발생하는 부정적 감정은 각자가 불식해야 한다고 생각하게 만들었지요.

근대 국민국가는 이런 부정적 감정을 원동력 삼아 사람들이 주어진 역할에 전력을 다하게 만드는 '자발적 복종'을 실현하고 제도화했습니다. 물론 이 복종에서 벗어나려고 하는 자에게는 집요한 폭력이 행사됩니다. 이러한 '폭력의 순화'가 근대 문명의 눈부신 팽창의 근저에 있고, 그 폭력성의 축적이 핵무기와 환경파괴에 의한 인류멸망의 위기를 초래하였다고 생각합니다. 2020년의 코로나바이러스 팬데믹과 러시아의 우크라이나 침략은 국민국가에 의한 폭력 구조의 종말을 알리는 서막인지 모릅니다.

많은 사람이 자기혐오에 고통을 받고 있으며 그것을 메우려 합니다. 그런 나머지, 분주하게 행동하고 겉으로 예의 바르고 친절한 처을 하면서 자신의 몸과 마음을 돌보지 않고 무언가에 열중하는 사회가 만들어졌습니다. 이 과정에서 사회와 조직의 입맛에 맞게 행동한 사람은 오만에 빠지는 한편, 이 '덫'에서 벗어나려는 사람에 대해서는 덥적거리며 설득하려 하고, 말을 듣지 않으면 뭇매를 때리는 비겁한 행동이 가해집니다. 그럼에도 이런 사태를 아무도 부끄러워하지 않는 것은 이러한 근대적 폭력성에 근원적 이유가 있지 않을까 생각합니다. 그리고 바로 여기에 우리가 안고 있는 살기 힘듦의 이유가 있는 것이 아닐까요.

이 책에서는 내가 일본 사회에서 경험하고 관찰한 바에 기초해 이러한 근대적 폭력성의 관점에서 문제의 본질을 짚어내고, 우리 모두가 자유롭게 사는 길을 탐구하였습니다. 그러므로 한국에서는 '일본인'이 보는 '일본사회론'으로 음미해주시면 좋겠다고 생각됩니다만 나는 이 논의에는 문화를 넘어선 보편성이 있다고 기대하고 있습니다. 한국의 독자 여러분이 이 책을 읽어 줌으로써 그 보편성이 판정되기를 기대하고 있고, 더불어 조금은 긴장하고 있습니다.

2022년 6월

야스토미 아유미

내가 싫어질 때 읽는 책

차례

2.
왜 자기혐오가 있으면
일이 잘 안 되는가

3.
자기혐오의
정체

4.
자애로 향하기 위해
할 수 있는 것

"내가 왜 그런 짓을 했을까?"

"나는 왜 이렇게 못났을까?"

"역시 나는 안 되는 인간이야."

나는 생각하는 것밖에 별다른 재능이 없는 사람이라

자기혐오에 관해 철저히 생각해보았습니다. 그러자

희한하게도 자기혐오가 사라졌습니다. 완전히 사라진

것은 아니지만 그럼에도 아주 편해졌습니다.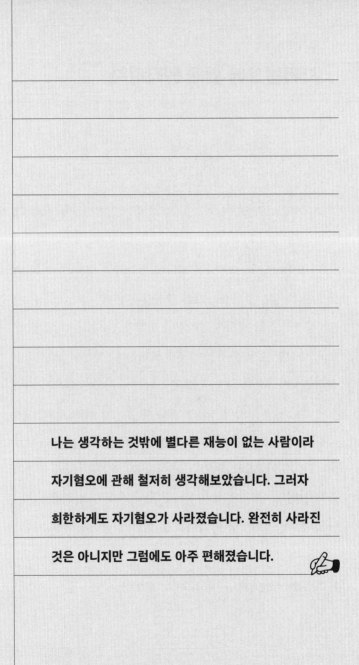

자기혐오에 관해 생각하다

이 책에서는 자기혐오에 관해 생각합니다. 자기혐오란 "내가 왜 그런 짓을 했을까?" "나는 왜 이렇게 못났을까?" "역시 나는 안 되는 인간이야." 이런 생각에 짓눌릴 것 같은 느낌이 들어 자신이 정말 싫어지는 그런 감정입니다.

'자기혐오 같은 것을 생각한다고 뭐가 달라지는 게 있을까' 하고 생각할지 모릅니다. 이렇게 말하는 나 자신이 오랜 세월 자기혐오에 고통을 받아왔습니다. 나는 특히 자기혐오가 강한 사람이었습니다. 아이 때부터 정말 별것 아닌 일을 몇 번이나, 그것도 몇 년에 걸쳐 생각하고 떠올려서 억누르는 병증이 있었습니다. 그 이상으로 괴로운 것이 나 자신의 얼굴을 싫어해서 특히 삼백안三白眼과✽ 치켜 올라간 입이 계속 나를 괴롭혔습니다. 그 밖에 나 자신을 싫어하게 된 원인은 무수히 많아 그것들

✽ 검은 눈동자 주변으로 흰자위가 세 개의 면으로 나타나는 눈.

이 끊임없이 나를 공격하였습니다.

나는 십수 년 전부터 이 문제에 정면으로 맞서게 되었습니다. 맞섰다고 해서 내가 뭔가 대단한 일을 한 것은 아닙니다. 생각하는 것밖에 별다른 재능이 없는 사람이라 자기혐오에 관해 철저히 생각해보았습니다. 그러자 희한하게도 자기혐오가 사라졌습니다. 물론 완전히 사라진 것은 아니지만 그럼에도 아주 편해졌습니다.

물론 이 상태로 되기까지는 오랜 시간이 필요했고 단지 생각을 바꾸는 것만으로 부족해 최종적으로는 남성의 모습을 버리고 여성의 모습을 하는 것으로까지 발전하였습니다.✱ 이처럼 자기혐오에 관한 사고는 저에게 결정적으로 중요하였습니다. 이 과정에서 생각한 것을 가능한 한 간결하게 설명하고자 합니다. 이것이 여러분의 평안한 생활을 위해 도움이 된다면 더할 나위 없을 겁니다.

2016년 7월

야스토미 아유미

✱ 저자는 자신이 여성 옷을 입고 화장을 하고 나아가 액세서리를 하는 것에 대해 '여성장(女性裝)을 한다'고 표현한다. 그에 의하면 '여장(女裝)'이란 남성이 여성 옷을 입는 것으로 이 경우 남성이 남성으로서 자기 인식하는 것이 전제이다. 그런데 저자는 여성 옷을 입으려고 생각하는 것이 아니라 자신의 마음을 안정시켜 주는 옷을 입었는데 그것이 여성 옷이었다는 것이다. 이런 의미에서 저자는 통상 사용하는 '여장'이라는 말 대신에 '여성장'이라는 표현을 사용한디고 한다.(옮긴이)

프롤로그

자기혐오는 자신이 열등하기 때문에 느끼는 것이 아니다

이전에 나는 자신이 뭔가를 한 결과로 자기혐오를 느끼는 것이라고 생각했습니다. 그러나 그렇지 않다는 결론에 이르렀습니다. 이것이 제일 중요한 발견이었습니다. 자기혐오란 뭔가의 결과가 아닙니다. 아무것도 하지 않았는데 자기혐오가 먼저 존재하고 있습니다. 이것이 문제의 본질입니다.

왜 자기혐오를
느끼는 걸까?

자기혐오란 어떤 때 생기는 것일까요?

금연 중인데 담배를 피우고 말아서 자기혐오.
좋아하는 사람에게 제대로 말을 할 수 없어서 자기혐오.
주위의 기대에 부응할 수 없어서 자기혐오.

나는 이전에 자기혐오라고 하면 자신이 뭔가를 한 결과로 그렇게 느끼고 마는 것이라고 생각했습니다. 그러나 이것저것 생각해보고 그렇지 않다는 결론에 이르렀습니다. 이것이 제일 중요한 발견이었습니다. 자기혐오란 뭔가의 결과가 아닙니다. 아무것도 하지 않았는데 자기혐오가 먼저 존재하고 있습니다. 이것이 문제의 본질입니다.

자기혐오는 결과가 아니라 원인, 게다가 모든 불행의

근원입니다.

A.
애당초 자기혐오가 존재하므로
자기혐오를 느끼고 맙니다.

앞의 예로 말해 보자면 애당초 자기혐오가 먼저 존재하고, 그것이 금연 중 담배를 피우고 말았다는 사건을 계기로 분출되어 자기혐오를 느끼는 겁니다. 애당초 자기혐오가 있어 그것이 좋아하는 사람과 제대로 말할 수 없다는 장면을 재료로 분출해서 자기혐오를 느낍니다. 애초에 자기혐오가 있어 그것이 기대에 무리하게 부응하려다가 부응하지 못하는 상황을 맞아 분출하는 것이지요.

이런 말을 들어도 여러분은 쉽게 믿을 수 없을지 모릅니다. 하지만 부디 여기서 책을 덮지 말았으면 합니다. 자유롭고 기분 좋게 살기 위해 어떻게 하면 자기혐오에서 벗어날 수 있을지 함께 생각해봅시다.

자기혐오는 결과가 아니라 원인입니다.

애당초 자기혐오가 먼저 존재하고 있습니다. 이것이

모든 불행의 근원입니다. 자유롭고 기분 좋게 살기 위해

어떻게 하면 자기혐오에서 벗어날 수 있을지

함께 생각해봅시다.

"분위기를
읽지 못하는 내가
싫어요."

Q.

언제부턴가 "저 녀석은 분위기 파악을 못한단 말이지!" "나름 분위기 파악을 해서 그 말을 하지 않았어." 등 '분위기를 읽는다'는 말이 일반화되었습니다.

그런데 집단의 분위기를 읽는 것을 긍정적으로 말하게 된 것은 무서운 일이라고 생각합니다. 사람이 분위기를 읽는 이유는 여러 가지가 있겠지요. '주위로부터 미움을 받으니까. 따돌림을 당하는 것이 무서워서. 촌스러운 존재로 보이기 싫어서. 다른 사람과 다투고 싶지 않아서' 등등…. 그런데 주변의 분위기를 읽는 것 또한 애당초 자기혐오가 있기 때문입니다.

애당초 자기혐오에 의한 '구멍'이라고 불러야 할 것이 마음속에 있어 그것을 메우기 위해 분위기를 읽는 행위가 생기는 겁니다.

A.
분위기를 읽는 것 역시
자기혐오라는 악순환의 일부입니다.

자기혐오가 강한 사람은 매일 불안을 느끼고 있습니다. 자신에 대해 뭔가 결여된 존재라고 느끼고 그것을 커버하기 위해 다른 사람에게 도움이 되어야 한다고 생각합니다. 그래서 분위기를 읽는 거지요.

'분위기를 파악해 다른 사람과 잘 지낼 수 있으면 자기혐오를 느끼지 않을 것이다.' 이렇게 생각합니다. 그러나 애당초 사람은 완벽하게 주변의 분위기를 읽을 수 없습니다. 어떤 집단이 있다고 하면 한 사람, 한 사람의 의견도 마음도 다 다릅니다. 그런데도 그 집단의 무드라고 불러야 하는 것을 '분위기' 같은 말로 뭉뚱그려 포착하려는 것은 어차피 무리가 따르는 이야기지요. 그리고 애당초 분위기 같은 것은 실재하지 않습니다. 환상에 지나지 않습니다.

게다가 자기혐오가 강한 사람은 늘 자기혐오를 느끼게 하는 자신의 행위에 주목하고 있습니다. 자신의 행위를 검열해서 자신이 어떻게 할 수 없는 부분이나 안 되는 부분을 의식에 떠올리려고 합니다. 이 경우, 분위기를 읽지 못하는 순간의 자신에게만 초점을 맞추는 일이 일어나지요.

애당초 분위기는 실재하지 않기 때문에 분위기를 읽는 것은 무리입니다. 그럼에도 분위기를 읽지 못하는 자신에게만 눈이 가고 맙니다.

그 결과 분위기를 읽으려고 하면 할수록 자기혐오를 강하게 느끼고 맙니다. 애당초 자기혐오라는 구멍이 있으므로 분위기를 읽으려 하고, 분위기를 읽지 못하는 자신에게만 눈이 가서 자기혐오의 구멍을 더 넓히고 마는 거죠. 물론 이것은 분위기를 읽는 것에만 한정되는 이야기는 아닙니다.

처음부터 자기혐오가 있으므로 변변치 못한 행동을 하게 되고, 자신의 변변치 못한 행동만을 부각시켜 자기혐오를 증폭시키고 마는 겁니다. 그야말로 악순환이지요. 실은 지금 우리 사회의 많은 사람이 자기혐오의 덫이라고 해야 할 악순환에 빠져 있다고 나는 생각합니다.

생텍쥐페리의 《어린왕자》의 별 탐험 장면에서 어린왕자가 소혹성에 사는 어느 술주정뱅이외 니 눈 대화가 있습니다.

"왜 술을 마시는 거야?" 하고 왕자가 물었다.

"잊고 싶어서 그래." 하고 술주정뱅이가 대답했다.

"뭘 잊고 싶은 거야?" 왕자는 안쓰러워 재차 물었다.

"부끄러운 것을 잊고 싶어서." 하고 술주정뱅이는 고개를 숙이고 토로했다.

"뭐가 부끄러운 거야?" 왕자는 도움이 되고 싶어 물어보았다.

"술을 마시는 게 부끄러운 거지!!" 술주정뱅이는 그렇게 말하고는 마침내 잠자코 말았다.

내가 싫어질 때 읽는 책

여기서 술주정뱅이는 실은 자기혐오에 고통 받고 있습니다. 그것을 스스로 헷갈리게 하려고 계속 술을 마시는 건데요. 그의 내면에서는 '술을 마신다 → 부끄럽다 → 술을 마신다'는 식으로 악순환이 계속되고 있는 거지요. 이 상태를 '술이 사람을 마신다'고 합니다. 이렇게 악순환의 덫에 걸려 자기혐오가 자기를 삼켜버리는 상태가 자기혐오의 정체입니다.

다음 장부터는 이러한 자기혐오의 덫에 걸려 있는 것이 어떤 현실을 만들어내는지 이야기하고자 합니다.

1.

자기혐오는
무엇을
불러일으키는가

자기혐오로 힘들어하는 사람은 자신이 갖지 않은 부분을 상대방을 동경함으로써 커버하려고 합니다. 내가 갖지 않은 것을 가진 이 사람이 나를 좋아하고 인정해 주면 나를 혐오하는 감정에서 벗어날 수 있다고 생각합니다.

"동경하는 사람
앞에만 서면
마음이 불안해져요."

먼저, 자기혐오가 연애에 미치는 영향에 관해 이야기하도록 하죠. 왜 연애인가 하면 그것이 일대일의 인간관계이고 게다가 농도가 높기 때문입니다.

이 물음에 관해 말하자면 애당초 '동경하는 사람'이라는 설정 자체가 불행의 시작입니다. 왜냐하면 동경은 자기혐오에서 비롯하기 때문입니다. 자기혐오가 없다면 동경은 일어나지 않습니다.

"멋진 사람에게 동경을 품는 것은 당연한 일 아닌가요?"

"동경하는 사람에게 다가서기 위해 자신을 연마하는 것은 좋은 일 아닌가요?"

이렇게 의아하게 생각하는 사람이 있겠죠. 물론 사람을 좋아하게 되는 것은 훌륭한 일입니다. 그런데 '좋아하는 것'과 '동경'은 다릅니다.

가령, 좋아하는 사람과 함께 있으면 마음은 안심으로 가득합니다. 좋아하는 사람과 함께 있으면 충만한 기쁨을 느끼게 되겠죠. 한편 동경하는 사람과 함께 있을 때는 마음은 흥분하든지 긴장하든지 불안하게 되든지 여하튼 안정되지 않습니다. 헤어진 후에도 뭔가 마음이 술렁술렁해서 두근거리는 기분이 듭니다.

애당초 '동경'이라는 말은 자기 자신을 잃어버리는 것을 의미합니다.

'동경'이라는 말은 '애를 태우다' '마음이 들뜨다'는 동사가 어원입니다. 《학연전역고어사전^{學研全譯古語辭典}》에는 '동경'이 이렇게 나옵니다.

동경하다

① 마음이 몸으로부터 분리되어 헤맨다. 마음이 들뜨게 된다.

② 안절부절못하게 된다. 헤맨다.

③ 마음이 떠나다. 소원하게 되다.

내가 싫어질 때 읽는 책

애당초 그런 말입니다. 그러고 보니 이즈미 시키부和泉式部가 쓴 최고 수작의 단가短歌를 보면

풀이 나 있는 저 습지를 날고 있는 반딧불도
자신의 신체로부터 헤매다 나온 혼이 아닐까 생각해

이것은 "당신을 생각하고 있으면 습지를 떠돌고 있는 반딧불도 내 몸에서 나온 혼으로 보인다"는 의미입니다. 너무나도 강렬한 러브송이지요. 머리가 어질어질합니다.

이처럼 '동경하다'라는 동사는 그다지 좋은 의미의 말이 아닙니다. 이 사전에는 이런 주석이 달려 있습니다. "현대어의 '동경하다'의 어원이 된 말인데, 현대어와 똑같은 의미로는 사용하지 않는다." 그런데 나는 이 주석이 틀렸다고 생각합니다.

현대에서도 '동경'은 혼이 자신에게서 나와 뭔가에 끌려버리는 상태를 의미합니다. 다만, 우리가 그것을 '좋은 것'이라고 믿고 있는 것에 불과합니다.

근대라는 시대는 인간이 뭔가를 동경해 그것을 손에 넣

기 위해 몸도 마음도 던지는 것을 '좋은 것'이라고 여기는 시대입니다. 나는 이것을 매우 위험한 일이라고 생각합니다.

그리고 우리가 누군가를 동경할 때는 상대의 진짜 모습을 보고 있는 것이 아닙니다. 알기 쉬운 예가 연예인입니다. 연예인을 동경할 때 그 사람의 진짜 모습을 알고 동경하는 것이 아닙니다. 연예인은 사람들이 보고 싶어 하는 상像을 자기 위에 만들어내 사람들의 흥미를 끌고 그렇게 함으로써 돈도 법니다. 사람들이 바라는 모습을 바로 파악해서 그것을 자신 위에 표현하는 것이죠. 이것은 대단한 능력입니다만 우리가 아무리 동경해도 그들의 진짜 인격과 만날 수는 없습니다.

"저 사람은 이런 생각을 하고 있음이 틀림없다." "저 사람은 이런 점을 갖고 있음이 틀림없다." 등등 상대방에게 자기 마음대로의 상대방 상을 떠안기는 거지요. 이것을 심리학 용어로 투영projection이라고 합니다. 그러면 왜 자기 마음대로 만든 상을 상대방에게 덧씌우는 일이 일어나는 걸까요?

**그것은 자신에게 부족한 부분을 상대방에게 바라는,
일종의 대가 행위입니다.**

자기혐오로 힘들어하는 사람은 자신이 갖고 있지 않은, 즉 자신에게 결여된 부분을 무의식중에 신경 씁니다. 그래서 자신이 갖지 않은 부분을 상대방을 동경함으로써 커버하려고 합니다. 가능하면 그것을 손에 넣고 싶다고 생각하는 것입니다.

A.
동경은 자신이 갖고 있지 않은 부분을
메우려고 하는 행위입니다.

뚱뚱한 자신을 혐오하고 있는 사람은 동경하는 상대에게 스타일이 좋은 멋진 사람이라는 상을 덧씌우고 있는지 모릅니다. 못생긴 자신을 혐오하고 있는 사람은 동경하는 사람에게 아름답고 잘생긴 사람이라는 상을 덧씌우고 있는지 모릅니다. 머리가 나쁜 자신을 혐오하고 있는 사람은 동경하는 사람에게 머리가 좋아 훌륭한 사람이라는 상을 덧씌우고 있는지 모릅니다. 돈이 없는 자신을 혐오하고 있는 사람은 재력이 풍부해서 훌륭한 사람이라는 상을, 재능이 없는 자신을 혐오하고 있는 사람은 재능이 넘쳐 훌륭한 사람이라는 상을 각각 덧씌우고 있는지 모릅니다. 그리고는 마음 깊은 곳에서 이렇게 생각합니다.

'내가 갖지 않은 것을 가진, 동경하는 이 사람과 친하게 지내 그가 나를 좋아하고 인정해주면 나를 혐오하는 감정에서 벗어날 수 있지 않을까.'

그런데 동경하는 사람이 자신을 좋아해주면 곧 '가짜 자신'을 연기하게 됩니다. 왜냐하면 자신이 싫어하는 자기를 다른 사람이 좋아할 리 없다고 생각해 상대가 마음에 들어 할 것 같은 상을 자신 위에 만들어내기 때문입니다. 그런데 이것은 좀 지치는 일이 아닐까요?

우리가 누군가를 동경할 때는 상대의 진짜 모습을

보고 있는 것이 아닙니다. 자신이 갖고 있지 않은 부분을

메우기 위해 자기 마음대로 만든 상을 상대방에게

덧씌우는 것입니다.

왜

동경하는 것이

문제일까?

"자신이 갖고 있지 않은 것을 상대방에게 바라도 되지 않는가. 동경하는 것이 무엇이 문제인가. 아무래도 모르겠다."고 말하는 사람이 있겠지요. 여기서 짚고 넘어갈 것은 처음에 말한 것처럼 자기혐오는 결과가 아니라 원인이라는 것입니다. 뚱뚱하므로 자기혐오를 느끼는 것이 아닙니다. 못생겨서 자기혐오를 느끼는 게 아닙니다. 머리가 나빠서, 돈이 없어서, 재능이 없어서 자기혐오를 느끼는 것이 아닙니다.

　애당초 자기혐오라는 구멍이 마음에 뻥 하고 뚫려 있기 때문에 자기혐오를 느끼게 되는 겁니다. 자기긍정감이 없다고 말해도 되겠죠.

**　자기혐오를 느낀다 → 그 이유를 찾는다 → '뚱뚱하다, 못생겼다, 머리가 나쁘다, 돈이 없다, 재능이 없다… 이것 때문이다' 하고 스스로 납득한다.**

이런 식으로 나중에 이유를 갖다 붙이는 것뿐입니다. 그러나 자기혐오의 구멍은 타인에게 승인받는다고 해서 메워지지 않습니다. 자기 자신과 마주하는 것 외에 자기혐오에 대처할 방법은 없습니다. 그러므로 아무리 동경하는 사람에게 승인을 받아도 자기혐오는 사라지지 않습니다. 동경하는 사람의 마음에 들도록 기울이는 노력은 필연적으로 헛된 수고로 끝납니다.

A.
동경하는 상대는
결코 당신을 구해주지 않습니다.

자기혐오의 덫에 빠져서는 마음은 평안해지지 않고 울렁거리는 채로 있습니다. 제가 꽤 심한 말을 하고 있다고 느낄지 모르겠습니다. 그런데 이런 인식이 없으면 진짜 자유는 손에 넣을 수 없습니다.

아무리 동경하는 사람에게 승인을 받아도 자기혐오는

사라지지 않습니다. 자기 자신과 마주하는 것 외에

자기혐오에 대처할 방법은 없습니다.

동경에 기초한 연애가
제대로 되지
않는 이유는?

Q.

실제 연애 관계를 생각해보면 가장 알기 쉽겠죠. 예를 들어 자기혐오의 구멍이 나 있는 사람과, 자신을 제대로 받아들이고 사랑하는 사람이 있다고 합시다. 후자와 같은 사람은 자기 자신을 사랑하고 있으므로 '자애하고 있다'고 말합니다. 여기서 '자애'와 '자기애'가 다르다는 것을 일단 확인하고 이야기를 진행하고 싶습니다. 삼성당《대사림大辭林》이라는 사전을 보면

자애自愛 **= 자기 자신을 소중히 여기는 것**

　이라고 나와 있습니다. 자기 자신을 소중히 여기는 것은 참으로 아름다운 일이지요.
　한편 '자기애'란

자기애自己愛 = 나르시시즘

으로 나와 있고 '나르시시즘'을 찾아보면

나르시시즘

① 자신의 용모에 도취해 자기 자신을 성애의 대상으로 삼으려는 경향. 자기애. 그리스 신화의 나르키소스에서 유래하는 정신분석 용어

② 자만. 자기도취.

라고 좋지 않은 말이 쓰여 있습니다. 자애와 자기애의 차이를 이제 아셨는지요.

자, 그러면 자기애는 더는 말할 필요가 없이 자기혐오와 동전의 양면이라고 할 수 있습니다. 자애할 수 없어 자기혐오로 고통 받는 사람이 자신의 좋은 점을 열심히 찾아 갑작스럽게 자신만만해지면 자기애가 됩니다. 물론 이것은 늘 누군가의 승인을 계속 필요로 하는 상태입니다. 따라서 조금이라도 그것이 채워지지 않으면 소리를 내며 무너지고 마는, 실로 불안정한 자신입니다.

내가 싫어질 때 읽는 책

한편, 자애하는 사람은 있는 그대로의 자신을 사랑합니다. 그리고 자신과 자신의 몸을 소중히 여기는 행위는 자신과 관계 맺고 있는 사람들을 소중히 여기는 것으로 연결됩니다. 왜냐하면 인간이라는 사회적 동물은 자기 자신을 지탱하기 위해 신뢰할 수 있는 타인을 아무래도 필요로 하기 때문입니다.

자애하는 사람은 있는 그대로의 자신으로, 있는 그대로의 상대를 사랑할 수 있습니다. 거기에는 자기혐오의 구멍을 상대가 메워주기를 바라는 의도가 없습니다. 따라서 마음대로 만든 상을 상대에게 투영하는 일도 없습니다. 그러므로 누군가를 동경하는 일도 없습니다.

있는 그대로의 자신으로, 있는 그대로의 상대를 받아들일 때 마음은 평온을 유지합니다.

자애의 관계에서는 그냥 함께 있는 시간을 즐기고, 설령 관계가 잘 안 되었다 해도 '서로 있는 그대로의 자신으로 잘 안 되었구나' 하고 현실을 받아들일 수 있습니다. 잘 안 되었다면 서로가 변화하든지 그것이 안 되면 다른 길을 가면 그

뿐입니다.

한편 자기혐오에 기초한 관계에서는 자기 마음대로 만든 상을 상대에게 떠안기므로 상대의 반응이 그 상과 일치하느냐 않느냐에 따라 일희일비하게 됩니다. 이러한 떠안김이 제대로 되지 않았을 경우에 길은 두 가지로 나뉩니다.

하나는 "어차피 나는 미움 받을 사람이야. 알고 있었거든." 하고 이것을 먹이 삼아 자기혐오를 확대시키는 경우입니다. 또 하나는 뜻대로 되지 않은 현실을 믿지 않고 '잘 될 것이다' 하고 믿는 경우입니다. 후자가 일직선으로 자가 증식하면 스토커로 발전합니다.

이런 사람이 좀 더 교묘해지면 있는 그대로의 자신을 상대에게 보여주지 않고 가짜 자신으로 상대에게 호감을 사려고 합니다. 이 방향으로 계속 진행되었을 때 기다리고 있는 것은 도덕적 학대moral harassment와✽ 가정폭력 등의 파괴적 연애 관계입니다.

이런 사람은 좋아하는 사람과 함께 있어도 마음이 안정되지 않습니다. 또한 가짜 자신을 위장하는 데서 생기는 스

✽ 말, 행동, 태도 등으로 교묘하게 사람의 마음에 상처를 주는 정신적 폭력

　　　　　　　　　　　내가 싫어질 때 읽는 책

트레스 때문에 자기혐오는 점점 증식하고 말겠지요.

이렇게 자기혐오에서 출발하는 연애는 연애가 아닙니다. 그것은 자신의 결함을 메우기 위해 상대를 소유하려는 태도입니다. 따라서 상대에 집착하게 되고, 결과적으로 지배-피지배 관계로 귀결되고 맙니다.

만약 상대가 자애하는 사람이라면 이렇게 자기를 혐오하는 사람에게 위화감을 느끼므로 그런 사람에게 끌리는 일은 있을 수 없습니다. 따라서 연애는 여기서 끝나게 됩니다.

그렇다면 두 사람 모두 자기혐오에 고통 받는 경우에는 어떻게 될까요. 처음에 쌍방이 '어차피 나는 안 되는 사람'으로 여기는 모드가 발동하면 연애로 발전하지 않습니다. 내 경우가 그랬는데요. 자기를 혐오하는 사람은 상대에게 생각을 전한 뒤 거절당하면 크게 상처를 받습니다. 이것이 두려워 그는 좀처럼 앞으로 나아가지 못하고 '어차피 나는 안 되니 어쩔 수 없다' 모드를 종종 발동합니다. 실은 애당초 자신이 갖고 있던 상처가 덧난 것뿐인데 말입니다.

그러나 쌍방이 똑같은 유형의 상처를 공유하고 있으면 이야기는 달라집니다. 이 경우에는 서로 지지직 하고 전류가 흐르는 감각이 일어나 서로에게 맹렬히 끌리게 됩니다.

왜 그렇게 될까요? 똑같은 유형의 상처를 입은 사람들은 그 상처가 불문에 부쳐지므로 아주 편하기 때문입니다.

예를 들면 나는 왜인지 자주 지각하는데요. 지각 상습자들과 함께 있으면 누군가가 지각해도 문제가 되지 않으므로 마음이 편합니다. 그런데 지각을 자주 하는 사람과 지각을 아주 싫어하는 사람이 함께 일하면 서로 으르렁거리기 때문에 갈등이 생깁니다.

그러므로 지각하는 사람끼리 모이면 "지각하지 않는 녀석은 바보란 말이야."와 같은 말을 주고받으며 분위기를 띄우는 쪽을 택합니다. 이것은 연애뿐만 아니라 모든 집단 형성에 관해서도 다르지 않습니다. 같은 유형의 상처를 입은 사람끼리 모여 서로 상처를 핥아주고 정당화하는 것이 인간이라는 원숭이의 습성이라고 나는 생각합니다.

그러나 같은 상처를 서로 핥아주는 관계에는 큰 문제가 있습니다. 그것은 그 상처를 자기 자신은 실은 싫어한다는 점입니다. 그러므로 상대의 상처도 실은 싫은 겁니다.

내가 싫어질 때 읽는 책

그러므로 자기혐오에 고통 받는 사람끼리의 연애의 본질은 처음부터 '서로가 싫다'는 것입니다.

상처가 있으므로 서로 끌리지만, 그와 동시에 상처가 있으므로 서로 미워하는 비극적인 관계로 나아가고 맙니다.

A.
자기혐오에서 출발한 연애는
서로를 미워합니다.

서로가 마음대로 만든 상을 좋아하는 것뿐이지, 있는 그대로의 상대를 좋아하는 것이 아닙니다. 이러한 감정을 '억측 연애'로 부르기로 합시다. 전문용어로 투영형의 연애 projective love라고 하는데요. 애당초 좋아하지 않기 때문에 잘될 수가 없습니다. 게다가 양자의 상처가 다름 아닌 둘을 묶고 있는 '끈'이므로 이것이 개선되고 치유되는 일은 결코 없습니다. 그러므로 쌍방이 입은 상처는 그대로이고, 서로 미워하는 것도 그대로입니다.

'여름 연애'가
계속되면
어쩔게 될까?

자기를 혐오하는 사람끼리의 억측 연애가 금세 삐끗거려서 결말을 맞이하는 것은 아닙니다. 곧 끝나는 것은 그래도 나은 편입니다. 대개는 가짜 자신인 채로 가짜 상을 서로에게 떠안기고 상처를 주면서 지속되는 패턴이 많습니다. 이유는 다양하겠지요.

- 오랫동안 사귀어서 시간을 많이 투자한 것도 있고 해서 헤어지기 아깝다.
- 돈, 외모, 사회적 지위 같은 상대방의 조건을 버리기 어렵다.
- 경제적으로 상대에게 의존하고 있으므로 헤어질 수 없다.
- 아이가 있어서 헤어질 수 없다.
- 연애는 어차피 이런 것이라고 생각한다.

　여하튼 다양한 이유를 대면서 서로가 고통스럽지만 긴게

를 지속해 나갑니다. 아니, 관계에서 빠져나가지 못합니다.

자애에서 시작하는 연애라면 만약 관계가 삐끗거려 괴로워지면 그 시점에서 자신이 편해지는 길로 방향을 틉니다. 그러나 자기혐오에서 출발하는 연애는 애당초 있는 그대로의 상대가 아니라 자기 마음대로 만든 '상'과 사귀는 셈이므로 현실을 보지 못합니다.

자주 있는 것은 이런 패턴입니다. 처음엔 서로 지지직 하고 전류가 흘러 뜨겁게 사귑니다. 그러다 결국 눈을 뜹니다. 그러나 '그 정도로 좋아했는데 이럴 리가 없다'고 생각합니다. 그리고 '결혼하면 잘 될 수 있을지 모르니 결혼해버리자'가 되어 부정적 순환은 더욱 고착화됩니다.

결혼해도 개선의 여지가 전혀 보이지 않으므로 실망을 하지만 '아이가 생기면 어떻게든 되겠지' 하고 아이를 만들고 맙니다. 그러나 그렇게 해도 개선되지 않으므로 또 실망합니다. '자 그러면 아이의 장래에 기대해보자. 좋은 대학에 보내자'가 되고, 나아가 '집이라도 사면 안정이 되지 않을까' 해서 빚으로 집을 사고, 싫은 회사도 그만둘 수 없게 되어 헤어지지도 못하고…

A.
억측 연애가 계속되면
부정적 순환에서 벗어날 수 없게 됩니다.

이렇게 해서 오랜 세월 발버둥치다 보면 어떠한 억측도 먹히지 않게 됩니다. 그렇게 되면 상대가 '실은 싫은 사람이므로 싫다'는 것이 움직이기 힘든 사실로서 몸과 마음을 짓누르게 되지요. 이렇게 되면 자기혐오의 구멍을 메우기 위한 집착의 대상이 이제는 아이로 이동합니다. 아이는 부모의 기대에 일단 응하려고 하므로 배우자만큼 낙담시키지는 않습니다.

그리고 아이가 부모 곁을 떠났을 때 눈앞에 남는 것은 이른바 물에 젖은 낙엽족✱ 남편과 늙어버린 아내입니다. 그리고 여기서 이별을 택하는 것이 황혼이혼을 하는 사람들이죠. 그리고 그런 선택은 그래도 나은 편입니다.

여기서도 좌절하지 않으면 이번에는 '그래도 노후는 좋은 부부로 살아야지' 하고 마음대로 만든 상을 서로에게 떠

✱ 정년퇴직하여 축 처진 채 마누라 꽁무니에 붙어 다니는 남편을 일컫는 말

안겨, 세계일주 여행을 떠나거나 별장을 사거나 자식에게 빨리 결혼해 손자를 낳으라고 압력을 가해 손자 돌보기로 시간을 때웁니다. 이렇게 죽을 때까지 헛스윙을 계속합니다. 다름 아닌 끊으려야 끊을 수 없는 악연인 겁니다. 무서운 일입니다만 이것은 실로 우리 주위에서 보통으로 존재하는 부부상입니다.

젊은 분은 모를 수도 있겠습니다만 옛날 내가 아이 무렵에 영국의 비틀즈라는 굉장한 밴드가 있었습니다. 그 작품 중에 〈내가 예순넷이 되면When I'm Sixty Four〉이라는 노래가 있었습니다. 젊은 남자가 여자친구에게 자신들의 장래를 그려 프러포즈하는 러브레터가 테마인 노래인데요. 그 가사가 실로 진묘한 내용입니다.

지금부터 몇 년 후
내가 좀 더 나이를 먹고 머리카락이 빠졌을 때
당신은 나에게 발렌타인 카드와 생일 와인 선물을 해줄까?

이렇게 맥 빠지는 느낌으로 프러포즈가 시작되고 먼 장래의 지루해 보이는 일상이 그려집니다. 후렴구는 이렇습니다.

내가 싫어질 때 읽는 책

당신은 아직 내가 필요해서 나에게 밥을 차려줄까?

내가 예순넷이 되었을 때에도

슬픈 후렴입니다. '밥을 차려준다'는 feed라는 동사를 사용하고 있는데요. 이것은 고양이에게 먹이를 줄 때 사용하는 단어입니다. 후렴구 마지막에는 어찌된 영문이지 제품 사용자 카드처럼 회답 란이 붙은 답신용 엽서가 등장합니다.

나에게 답장의 엽서를 한 통 부탁합니다.

당신의 의견을 들려주세요.

정확하게 생각하는 것을 지적해주세요.

대답을 이 란에 적어주세요.

이것으로 노래는 끝납니다. 이 심한 가사에 사랑스럽고 즐거운 음악이 입혀져 있는 실로 영국적인 명곡입니다.

그러고 보니 이전에 도쿄대학의 입시과에 전화하면 다른 부서로 전화를 돌릴 때 이 음악이 흘러나와 크게 웃었습니다. 도쿄대학에 합격하면 이런 일을 당한다는 수험생을 향한 경고였을까요.

억측 연애에는 있는 그대로의 자신으로 서로 사랑하고 기뻐하고 안심하는 일이 없습니다. 상대방의 진짜 마음을 헤아리고 위로하고 사랑하는 마음도 없습니다.

이런 상황에 빠지지 않기 위해서는 어떻게 하면 좋을까요?

자기를 혐오하는 사람끼리는 자기 마음대로 만든

상을 상대에게 덧씌우는 '억측 연애'에 빠집니다.

고통스러워하면서도 그 관계에서 빠져나가지 못합니다.

거기에는, 있는 그대로의 자신으로

서로 사랑하고 기뻐하고 안심하는 일이 없습니다.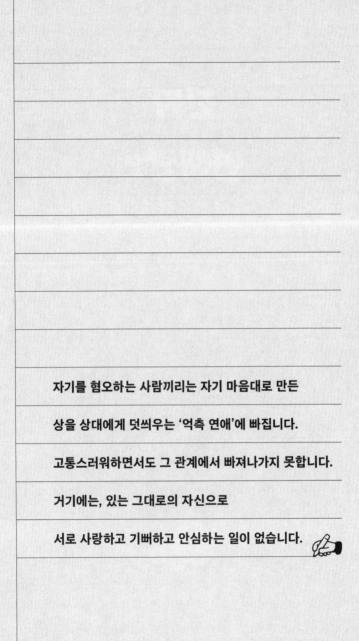

진짜

연애란?

끊으려야 끊을 수 없는 악연으로 인생을 허비하는 것은 실로 어리석은 짓입니다. 그런 일은 결코 해서는 안 됩니다. 설령 당신의 부모와 조부모가 실제로 그렇게 하고 있다 해도 당신은 해서는 안 됩니다.

그렇게 되지 않기 위해서는 어떻게 하면 좋을까요. 진짜 연애는 푸근한 인간관계 안에서 시작됩니다.

함께 있으면 즐겁다. 마음이 편하다. 마음이 놓인다.

이러한 상태로 마음이 평안을 향하는 관계만이 오래 안정적일 수 있습니다. 그것이 연애라는 것입니다. 지지직, 두근두근, 울렁울렁, 조마조마 같은 감정이 오래 지속될 리 없습니다.

마음이 온화해지는 관계 속에서 서로에게 호의를 느끼

고 거기서부터 연애가 시작되는 건데요. 예를 들면 인간관계가 구축되기 전에 '저 사람은 틀림없이 이런 사람이다'라고 마음대로 만든 이미지로 짝사랑을 하는 것은 억측 연애 그 자체입니다. 짝사랑을 오래 지속해 온 사람은 상대의 감정을 보려고 하지 않습니다. 실은 상대방을 보고 있다는 시늉을 하는 것에 불과합니다.

왜 상대의 감정을 보려고 하지 않는 것일까요?

자기혐오를 하는 사람은, 당연한 말입니다만 자신을 싫어합니다. 그리고 무의식적으로 타인도 자신을 싫어하는 것이 틀림없다고 생각해버립니다. 당연한 말이지요. 자신이 싫어하는 것을 타인이 좋아한다고 믿을 리가 없습니다. 그러므로 상대의 감정에 눈을 돌릴 수가 없습니다. 미움 받는다는 것을 확인하기가 무섭기 때문입니다. 그래서 고백 같은 것이 가능할 리 없습니다. 미움 받는 것이 당연하다고 생각하기 때문이죠. 이것이 짝사랑이 지속되는 구조입니다.

그리고 상처를 받지 않기 위해서는 상대방의 상태를 살펴서 '이 사람은 될 것 같구나' 하고 판단되면 다가가든지,

가능하면 상대를 잘 유도해 자신을 좋아하게 만들어서 붙잡는 전략을 쓰게 됩니다. 이래서는 사냥감을 잡는 사냥 같은 것으로 실로 기분이 나쁩니다만, 연애를 사냥이라고 생각하는 사람은 의외로 많습니다.

그러면 진짜 연애를 하려면 어떻게 하면 좋을까요. 간단합니다. 자신의 마음을 전하는 것, 그리고 상대의 마음을 듣는 것. 그것뿐입니다. 이것만으로 억측 연애라는 악연에서 빠져나올 수 있습니다.

A.
자신의 마음을 정확하게 전할 수 있는 연애가
진짜 연애입니다.

"아뇨, 아뇨. 여성이 먼저 고백하면 연애는 제대로 안 된다고 연애공략 책에 나와 있습니다." 이런 반론을 하시는 분이 있을지 모르겠습니다.

그런데 연애공략 책은 연애 책이 아닙니다. 억측 연애를 위한 사냥 노하우 책에 불과합니다. 어떻게 하면 자신이 상처받지 않고, 집착한 상대를 손에 넣을 수 있을지 쓰여 있을 뿐입니다.

　진짜 연애를 하기 위해서는 자신의 마음을 전하는 수밖에 없습니다. 그것은 무서운 일이겠지요. 상대방의 반응은 컨트롤할 수 없기 때문입니다. "좋아합니다."라고 전해도 "미안합니다."라는 답이 돌아오는 일도 있겠지요. 그러나 컨트롤할 수 없는 상황에 몸을 던지는 것이야말로 중요합니다. 억측 연애에서는 상대방에게 집착을 느낍니다. 집착하는 이유는 컨트롤이 가능하다고 생각하기 때문이죠. 그러나 고백하는 경우에 자신은 컨트롤할 수 있는 측이 아니게 됩니다.

연애는 자신이 컨트롤할 수 없다.

이것을 수긍하면 진짜 연애를 체험할 수 있습니다.

진짜 연애를 하려면 자신의 마음을 전하는 수밖에

없습니다. 이것은 무서운 일입니다. 상대방의 반응은

컨트롤할 수 없기 때문입니다. 그러나 컨트롤할 수 없는

상황에 몸을 던지는 것이야말로 중요합니다.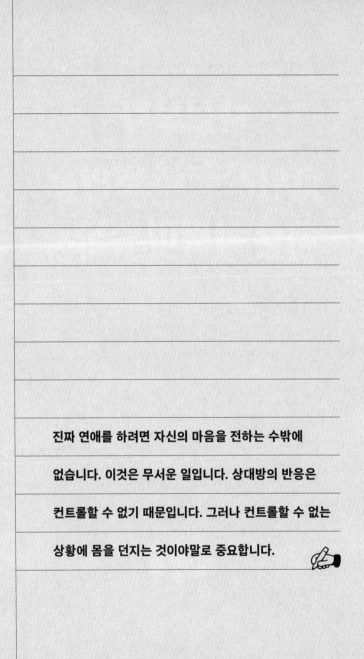

자신보다
지위가 높은 연인을
찾은 사람이 승리?

Q.

고백하라는 말을 들어도 자기혐오를 하는 사람은 좀처럼 고백하지 못합니다. '나처럼 지위나 학력에서 상대보다 아래인 쪽이 고백하면 상대가 싫어하지 않을까' 하고 생각하기 때문입니다. 내가 그랬습니다.

'외모가 좋은 게 좋은 거다' '돈이 있어야 먹힌다' '젊지 않으면 안 된다' 등등 연애시장에는 다양한 등급이 있다고 생각하고 맙니다. '고백해서 자신의 낮은 처지를 알리는 것은 싫다' 이렇게 생각하면 고백 같은 것은 할 수 없습니다.

그러나 등급이라는 생각 자체가 자기혐오 모드의 으뜸입니다.

인간에게 등급 같은 것은 애당초 없습니다. 물론 인간의 성질의 일부를 끄집어내서 나열하는 것은 가능합니다 신장이라든지 체중이라든지 100m를 달리는 데 걸리는 시간이라든지 테스트 성적이라든지 나열할 수 있습니다. 그러나 그것은 자의적으로 선택한 성질을 자의적으로 비교한 것에 지나지 않습니다. 인격 자체의 가치와는 아무런 관계가 없습니다.

연애란 인간의 관계성의 일종입니다. 그러므로 그것은 어떤 사람과 다른 사람과의 관계성만이 문제이지, 그 사람의 일부 속성의 등급과는 관계가 없습니다.

풍부한 인간관계는 서로의 창조적 대화에 의해서만 형성할 수 있는 것으로 속성의 비교는 어떠한 의미도 없습니다.

A.
등급 의식이 진짜 연애를
멀리하게 만듭니다.

비교는 똑같은 조건이 아니면 할 수 없습니다. 귤과 사과의 우열은 애당초 매길 수 없습니다. 귤을 좋아하는 사람은 귤을 좋아하고, 사과를 좋아하는 사람은 사과를 좋아하는 것뿐입

내가 싫어질 때 읽는 책

니다. 귤끼리도 서로 비교하기는 어렵습니다.

연애에 등급 의식을 적용하는 사람은 '모든 인간은 비교 가능하다'는 전제에 서 있습니다. 마치 백화점에 진열된 옷과 같은 감각을 자기 자신에게도 가져옵니다. '매력적인 옷이면 바로 팔릴 텐데, 자신과 같은 볼품없는 옷은 어차피 팔리지 않는다'고 느낍니다.

이 감각은 소비주의와 밀접한 관계가 있습니다. 화폐라는 것이 사회를 뒤덮기 전 옛날에는 물건과 인간 사이에 강한 연결이 있었습니다. 아니, 현대에도 자신이 정성들여 키운 작물과 열심히 만든 작품을 쉽게 팔아버릴 수는 없는 노릇입니다. 사람들이 처음부터 팔기 위해 물건을 만드는 일이 보편화된 것은 최근의 일입니다.

그만큼 옛날 일도 아니라서 내가 아이 때는 근처 채소가게에 늘 사러 가서 거기 놓여 있는 채소를 좋아하든 말든 그냥 사는 것이 보통이었습니다. 인간끼리의 관계성 안에 있던 물건을 사고팔고 한 거죠.

그러나 지금은 어디서 어떻게 흘러왔는지 전혀 모르는 막대한 양의 다종다양한 채소가, 누가 어떻게 경영하고 있는지도 모르는 마트에서 팔리고 있습니다. 뿐만 아니라 인

터넷을 사용하면 전국 각지에서 생산되는 채소를 얼마든지
주문할 수 있습니다.

**이런 과정에서 '선택지가 늘어나면 늘어날수록 자유
로워진다'는 착각에 빠진 것은 아닐까요.**

그러나 일과 인간관계에서 이 생각은 적용되지 않습니
다. 인간관계에서 중요한 것은 상대의 등급이나 선택지의
많고 적음이 아니라, 어쩌다 만난 두 사람 사이에 얼마나 창
조적인 관계성을 만들어 낼 수 있는가입니다.

귤과 사과의 우열은 애당초 매길 수 없습니다.

귤을 좋아하는 사람은 귤을 좋아하고,

사과를 좋아하는 사람은 사과를 좋아하는 것뿐입니다.

귤끼리도 서로 비교하기는 어렵습니다.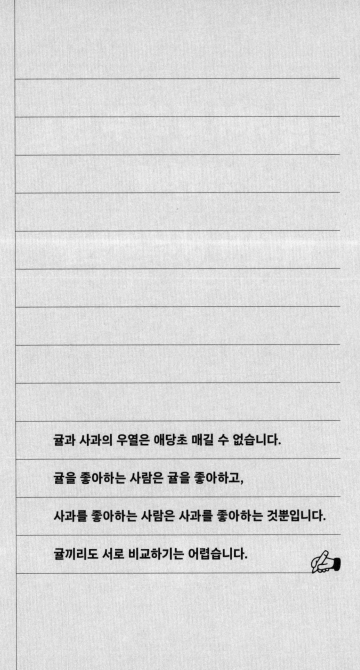

끊으려야 끊을 수 없는

악연에

빠지지 않으려면?

그러면 자기혐오에 빠져 억측 연애에 빨려 들어갈 것 같은 사람이 그 상황을 인식하는 것은 가능할까요.

　이것은 매우 어려운 일입니다. 그 사람에게는 다른 방식이 있다는 것을 상상할 수 없으므로 뭔가 이상하다고 느끼는 것이 어렵기 때문입니다.

　이런 사람이 인식을 바꿀 수 있다면 어떤 경우인지 생각해보기로 하죠. 그것은 아마도 싫은 일이 있었을 때 '멈춰 서는 것' 바로 그것일 겁니다.

　상대가 이렇게 해줘야 하는데 해주지 않는다고 생각되면 거기서 절망하거나 상대를 컨트롤하려고 하지 말고, 혹은 자신이 나쁘다고 생각하지 말고 상대를 제대로 봐야 하겠지요. '과연 이 사람은 어떤 사람인가?' 하고 냉정하게 세계를 받아들이는 계기로 삼으면 상황이 호전될 겁니다.

A.
있는 그대로의 상대를
보아야 합니다.

인간관계는 각자의 실상實像, 즉 실제 모습 위에 구축되지 않는 한, 안정되고 창조적이 될 수 없습니다. 허구상의 관계는 끝없는 위장공작에 의한 헛수고밖에 만들어내지 않습니다. 서로가 지금 이대로의 자신과 상대를 받아들이려고 할 때에만 연애는 시작됩니다. 자기기만으로 서로 허상을 구축하고 있는 관계는 실은 연애가 아니라 연애를 흉내 낸 것에 불과합니다.

'자기 생각대로 상대를 바꾼다', '상대에 마음에 들기 위해 자신을 바꾼다' 자애에 기초한 연애에서는 이런 생각은 일어나지 않습니다. 진짜 사랑은 실상의 자기로부터만 나옵니다.

당신은 있는 그대로의 자기를 사랑합니까?

당신은 있는 그대로의 상대를 사랑합니까?

자기혐오와 억측 연애에서 빠져나오기 위해서는

상대를 컨트롤하려 하지 말고,

또 자신이 나쁘다고 생각하지 말고, 자신과 상대를

있는 그대로 보아야 합니다. 서로가 있는 그대로의

자신과 상대를 받아들일 때에만 연애는 시작됩니다.

왜 자애에 기초한

연애가

어려울까?

Q.

이것은 실로 저에게도 어려운 물음입니다. 반복해서 말하듯이 나 자신이 자기혐오의 정수와 같은 사람이기 때문입니다. 그런 사람에게 '자기혐오가 없는' 상태란 상상할 수 없습니다. 물론 나는 나의 경력이 보여주듯이 '성공자'이고 내가 만들어 온 성과와 획득한 지위에 관한 한, 자신만만입니다.

　그러나 이것은 자기혐오를 뒤집어 놓은 것에 불과합니다. 조금이라도 실패하면 순식간에 붕괴하는, 자기혐오 위에 지은 사상누각에 지나지 않습니다. 이런 사람에게 자기혐오가 없다는 것이 어떤 것인지는 상상하기 힘든 세계입니다. 자기혐오로 고통 받는 사람에게 왜 자애에 기초한 사랑이 어려운가는 이 사실로부터 바로 알 수 있습니다.

A.
자기혐오로 고통 받는 사람에게
자기혐오가 없는 세계란 상상할 수 없습니다.

자기혐오가 없는 자애에 기초한 연애에는 '스타일이 좋으니까, 예쁘니까, 부자니까, 재능이 있으니까' 같은 자기혐오에 축을 둔, 상대에게 바라는 조건은 정의상 있을 수 없습니다. 예를 들면 개와 고양이를 상상해보세요. 개와 고양이는 조건으로 사람을 좋아하지 않습니다.

물론 개와 고양이는 먹이를 주고 돌봐주는 사람을 좋아하게 됩니다. 그러나 그것은 먹이를 주기 때문에 좋아하는 것이 아닙니다. 이유는 모릅니다만 실제로 어떻게 하다 보니 좋아하게 된 겁니다. 설령 먹이를 주지 않아도 개와 고양이는 키우는 사람을 좋아합니다. '상대가 자신의 조건에 맞으므로 애정을 보인다', '자기혐오를 메우기 위해 애정을 보인다' 같은 일은 개와 고양이는 하지 못합니다.

왜 그런 일이 안 되는가 하면 뇌의 문제입니다. 인간이 가진 거대한 뇌를 개와 고양이는 갖고 있지 않기 때문

입니다.

인간의 거대한 대뇌의 위력은 굉장해서 우리는 느끼지 않은 일을 마치 느끼고 있는 것처럼 위장할 수 있습니다. 좋아하지 않는데도 좋아하는 것처럼 위장합니다. 좋아하지 않지만 좋아해야 하는 사람에게 좋아함을 보여줍니다.

이 위장 능력은 문명을 발전시키는 데 큰 역할을 해 왔습니다. 현실에 기초해 상像을 구성한 뒤 그것을 분해해 다른 상을 가상假像하는 능력이야말로 '사고'라고 하는 것입니다. 우리의 사고력 자체가 위장 능력인 동시에 우리를 힘들게 만드는 원인이 되기도 합니다.

문명에는 꼭 필요한 대뇌입니다만 무조건의 사랑에 필요한 '있는 그대로의 모습'을 자신의 눈에서 덮어 가리기도 합니다.

조건을 정하지 않고, 있는 그대로 서로 사랑할 수 있으면 '억측 연애'와 같은 초조함과 불안을 느끼는 대신, 온화한 행복을 맛볼 수 있겠죠.

텐션을 올리면
행복해질까?

아메바 블로그의✿ 프로필 란에는 "좋아하는 음식은?" "싫어하는 음식은?" 등과 같은 질문 항목이 여럿 나열되어 있는데요. 그중에 "당신은 무엇을 하고 있을 때 행복한가?" 라는 항목이 있습니다. 나는 이 질문 형식에 대해 흥미롭게 생각하였습니다. 행복을 무언가를 하는 것, 즉 행위와 연결 짓고 있기 때문입니다.

그러나 《대사림大辭林》에 의하면 '행복'에 관해 다음과 같은 설명이 나와 있습니다.

행복: 불평과 불만이 없고, 마음이 채워져 있는 상태

이 정의에서 알 수 있듯이 행복이라는 것은 상태입니다.

✿ 한국의 네이버나 다음 같은 블로그

게다가 그것은 적극적으로 '이것, 이것이 있어서'와 같은 형태로 제시할 수 있는 것이 아니라는 겁니다. 오히려 '싫어하는 것이 아무것도 없어서 채워져 있다'는 식으로, 소극적으로밖에 정의할 수 없는 성질의 상태입니다.

그런데 아메바 블로그의 질문은 적극적으로 뭔가를 하는 상태를 상정하고 있습니다. 이것은 뭔가에 의해 텐션이 올라간 느낌을 행복으로 생각하는 관점이 확대된 세태의 반영이 아닐까요. 최근에는 SNS 등에서 파티와 BBQ 등으로 들뜬 사진을 업로드하는 사람이 많아서 '즐거운 시간을 가져야지' '텐션을 올려야지' 하고 생각하는 사람도 많은 듯합니다.

'텐션'은 긴장이라는 의미입니다. '텐션을 올린다'는 것은 마음을 다잡고 긴장도를 올린다는 뜻입니다. 앞에 인용한 《대사림》의 정의에서 보자면 거꾸로 행복에서 멀어져 있는 상태입니다.

'텐션을 올리지 않으면 행복해지지 않는다'는 말은 거짓입니다. 오히려 텐션을 올리면 행복으로부터 멀어집니다.

내가 싫어질 때 읽는 책

A.

텐션을 올리면 올릴수록 가짜 행복감을 얻는 대신,
진짜 행복에서 멀어집니다.

행복이란 긴장도를 높이는 것이 아니라 아무 불만이 없는 느긋한 느낌입니다. 가만히, 평온하게, 있는 그대로 지금의 행복을 느끼는 것입니다. 한편, 텐션을 올리는 것은 흥분성 호르몬을 내어서 아무것도 느끼지 못하게 되는 겁니다. 물론, 있는 그대로의 지금의 행복을 느낄 수도 없습니다.

그러면 왜 뭔가를 하는 것이 행복과 연결되는 것일까요. 그것은 '불쾌함을 느끼지 않는 것 = 행복'이라는 생각 때문입니다.

마음 깊은 곳에 자기혐오를 안고 있는 사람은 불안과 안절부절못함 등 늘 불쾌함을 갖고 있습니다. 이것은 영구히 계속되는 치아의 고통처럼 아무래도 도망갈 수 없는 것입니다.

확실히 텐션을 올려서 뭔가에 열중하면 이 불쾌함을 느끼지 않을 수 있습니다. 고통을 분산시키는 모르핀 같은 것입니다. 그러나 텐션을 올렸다고 해서 자기혐오에서 벗어날 수 있는 것은 아닙니다. 오히려 평소로 돌아왔을 때의 허무함을 생각하면 고통을 증폭시킬 수밖에 없습니다.

텐션을 올려 자신의 불쾌함에 뚜껑을 닫는 행위를 행복으로 간주하는 배경에는 자본주의적 사고방식이 있습니다. '70만 원짜리 멋진 코트를 구입하면 텐션이 올라가 불쾌함을 느끼지 않게 된다. 텐션이 내려가면 이번에는 100만 원짜리 가방을 구입하면 된다. 그렇게 계속해서 물건을 손에 넣고 한순간의 두근거림을 맛보고 자기혐오를 느끼지 않게 되면 행복해질 수 있다.' 이렇게 생각합니다. 그러나 이렇게 얻는 것은 가짜 행복감에 지나지 않습니다.

돈, 물건을 손에 넣으면 넣을수록 행복해진다는 생각은 자본주의가 만들어낸 환상입니다.

행복은 '이것, 이것이 있어서 행복하다'와 같은 형태로

제시할 수 없습니다. 오히려 '싫어하는 것이

아무것도 없어서 채워져 있다'는 식으로밖에 정의할 수

없는 상태가 행복입니다.

멋 부리는 것은
하면
안 되는 일인가?

Q.

물론 고급 옷을 사는 사람이 모두 자기혐오에 휘둘리는
가 하면 그렇지는 않습니다. 정말로 필요한 것을 손에 넣음
으로써 만족하는 것은 인간에게 자연스러운 일입니다. 단,
텐션을 높이기 위해, 필요치도 않은 것을 필요하다고 생각
하고 사는 것이 부자연스러운 일입니다.

　멋을 부리는 것에도 자기혐오를 바탕으로 한 멋 부림과
자애를 바탕으로 한 멋 부림의 두 가지가 있습니다.

**　차이는 다른 사람에게 잘 보이기 위해 옷을 입는가, 아
니면 자신이 즐거워지기 위해 옷을 입는가입니다.**

A.
자신이 즐거워지는
멋 부림이 중요합니다.

'유행하고 있으니까' '그걸 입으면 인기가 있으니까' '여자 친구에게 센스 있다는 말을 듣고 싶어서' 이러한 동기로 멋 부림을 하는 경우라면 그 바탕에 자기혐오가 깔려 있다고 말하지 않을 수 없겠지요. '센스가 나쁘다는 말을 듣고 싶지 않아서' '남자들한테 인기 없는 여자로 보이기 싫어서' 등 자기혐오를 느끼고 싶지 않은 생각이 바탕에 있기 때문입니다.

역으로 '이것을 입으면 나다워진다' '내가 즐거워진다' '나를 거울에 비추고 멋지다고 생각한다'고 하는 동기가 작용한다면 이것은 자애가 바탕이 된 멋 부림이 되겠지요.

'내가 나다울 수 있는 옷을 입는다.' 여기서부터 당신의 자유가 펼쳐집니다.

옷을 입음으로써 그런 진짜 충실감을 맛보는 것도 가능합니다.

멋을 부리는 것에도 자기혐오를 바탕으로 한

멋 부림과 자애를 바탕으로 한 멋 부림이 있습니다.

다른 사람에게 잘 보이기 위해서 옷을 입는가, 아니면

자신이 즐거워지기 위해서 입는가의 차이입니다.

왜
자기혐오가 있으면
일이 잘 안 되는가

나의 경우 교토대학에 합격했을 때도, 회사를 그만두고 대학원에 합격했을 때도, 조교가 되었을 때도, 34세에 닛케이 경제도서문화상이라는 큰 상을 수상했을 때도, 도쿄대학의 교수가 되었을 때도 잠시 한숨 돌리는 것뿐이었습니다. 그리고는 곧 다음 허들을 찾기 시작했습니다. 자기혐오의 불쾌감을 느끼지 않기 위해서 말이죠. 늘 계속 성공하는 사람은 가짜 행복감이 채워지면서 실은 늘 불행합니다. 자기혐오를 메우기 위해 허들을 높이고 그것을 넘으려고 합니다. 사용하면 할수록 강도를 더 높여야 하는, 자신을 잊기 위한 마약입니다.

자기혐오에 시달리면
무엇을 해도
잘 안 된다?

Q.

여러분이 오해하지 말았으면 하는 것 중 하나가 자기혐오가 있는 사람은 무엇을 해도 안 된다고 말하는 것이 아니라는 점입니다. 애당초 자기혐오가 전혀 없는 사람은 아마 없을 것입니다.

물론 정도의 차이는 있겠지만 100% 자애하는 사람은 아주 드뭅니다. 물론 나도 자기혐오로 꽤 힘들었습니다. 그러고 보면 오히려 훌륭한 업적을 쌓은 사람, 밤낮 가리지 않고 일하는 사람, 필사적으로 할당량을 채우고 정상에 선 사람 등 사회적으로 '성공한 사람'이라고 불리는 사람일수록 강한 자기혐오를 느끼고 있는 게 아닐까 생각합니다.

자기혐오를 가진 사람일수록 그 구멍을 메우기 위해 필사적으로 노력하기 때문입니다. 나는 교토대학을 졸업하고 제1금융권 은행에 취직, 그 후 퇴직하고 대학원에 진학해 조교로 출발해서 런던대학의 체재연구원, 나고야대학의 조교수 등을 거쳐 지금 있는 도쿄대학 교수가 되었습니다. 주위에서 보면 실패를 모르는 인생을 살아온 것처럼 보일지 모릅니다.

실제로 어릴 때부터 스포츠든 시험이든 본 경기에 강했습니다. 그러나 나 자신은 매우 불안해서 언제나 떨고 있었는데, 주위 사람에게는 자신감 가득한 사람으로 보여서 놀랐습니다. 그러나 막상 때가 되면 희한하게 누구보다도 잘하였으므로 스스로 '도대체 어떻게 된 거야' 하고 생각하였습니다. 그리고 최근에야 비로소 자각했습니다. 나의 유별난 자기혐오가 '성공'의 요인이었다고 말이죠.

나 자신, 자기혐오가 아주 강한 사람입니다. 그래서 '이것을 못 하면 죽을 것이다'라고 생각했습니다. 그래서 절대로 실패할 수 없었습니다.

그리고 높은 허들을 넘으려고 할 때는 늘 텐션이 높아져서 흥분성 호르몬을 방출하고 있는 상태였습니다. 그래서 자신의 감각을 음미할 수 없었습니다. 자기혐오에서 나오는

내가 싫어질 때 읽는 책

불쾌감을 느끼는 일도 없었습니다. 그러므로 뭔가에 도전하고 있을 때면 '가짜 행복감'을 얻었습니다. 그러다 보니 높은 허들을 넘었다고 본래 의미에서 행복을 느끼는 일도 없었습니다. 그저 한숨 돌리는 것뿐이었습니다.

나의 경우 교토대학에 합격했을 때도, 회사를 그만두고 대학원에 합격했을 때도, 조교가 되었을 때도, 34세의 나이에 닛케이日經경제도서문화상이라는 큰 상을 수상했을 때도, 도쿄대학의 교수가 되었을 때도 잠시 한숨 돌리는 것뿐이었습니다. 그리곤 곧 다음 허들을 찾기 시작했습니다. 자기혐오의 불쾌감을 느끼지 않기 위해서 말이죠.

늘 계속 성공하는 사람은 가짜 행복감이 채워지면서 실은 늘 불행합니다. 자기혐오를 메우기 위해 허들을 높이고 그것을 넘으려고 합니다. 이것은 자신을 잊기 위한 마약입니다. 사용하면 할수록 마약의 강도를 더 높여야 합니다.

A.
자기혐오에 의해 높은 성과를 쌓아도
결코 만족하지 못합니다.

즉 자기혐오의 힘으로 성과를 쌓아도 점점 허들을 높여야 합니다. 자신의 출신지에서 최고가 되면 자신이 사는 도시에서 최고로. 일본에서 최고가 되면 다음은 세계로….

늘 수치가 높아지고 계속 확대되어야 한다는 영역확장주의에 휘둘리는 것은 인격이 부서졌다는 것을 의미합니다.

물론 부서진 상태이므로 '훌륭한' 업적을 올릴 수 있습니다만, 본인은 마음 깊은 곳에서 행복을 느끼지 못할 것으로 생각됩니다. 근대라는 시대는 이러한 부서진 인간이 발휘하는 능력을 최대한 활용해서 발전해 왔습니다. 나는 이 시대가 인류 최대의 번영을 실현하면서 한편으로 지구환경을 계속 파괴하는 근본 원인이 여기에 있다고 생각합니다.

나는 어릴 때부터 본 경기에 강했습니다.

속으로는 언제나 떨고 있었는데, 주위 사람에게 자신감

가득한 사람으로 보여 놀랐습니다. '어떻게 된 거야'

하고 생각했는데 최근에야 깨달았습니다. 나의 유별난

자기혐오가 '성공'의 요인이었다는 것을요.

자애하는 사람은
성공하지 못한다?

물론 명성이 높은 사람 모두가 자기혐오에 빠진 사람은 아닙니다. 예를 들면 우루과이의 호세 무히카 대통령을 봅시다. 그는 검소한 생활로 화제가 된, 세계에서 가장 가난한 대통령입니다.✽ 한때 게릴라 전사였던 그는 상냥하고 부드러운 미소와 훌륭한 말로 세상 사람들에게 알려져 있습니다. 그 모습은 그가 자애로 가득한 사람이라는 것을 여실히 보여주고 있습니다.

그러나 일본에서는 좀처럼 이러한 자애하는 사람이 성공할 수 없습니다. 사회 규칙과 제도가 자기혐오로 가득한 사람이 성공하도록 면밀하게 설계되어 있기 때문입니다. 한편, 자애로 가득한 사람은 흔들리지 않는 생활을 구축하고 유유

✽ 자신이 받는 대통령 봉급 90%를 사회기금으로 기부하고, 대통령궁을 노숙자 쉼터로 개방하고 자신은 전부터 살던 집에서 계속 살면서, 차량도 운전기사가 딸린 리무진이 아닌 작고 오래된 구형 폭스바겐 비틀을 직접 몰고 다니는 세상에서 가장 가난한 대통령으로 유명하다.(옮긴이)

자적하게 삽니다. 그런 분이 지도자가 되지 않는 것은 일본에 있어 매우 큰 손실이라고 생각합니다.

자애하는 사람이 '성공'하지 않는데도 풍요로운 생활을 보내는 이유는 간단합니다.

자애하는 사람은 자신의 분수에 맞는 생활만을 하기 때문입니다.

자기를 혐오하는 사람은 자신의 분수를 넘어선 확장을 계속하는 데 반해, 자애하는 사람은 자신의 분수에 맞는 일을 묵묵히 합니다.

'자신의 분수에 맞는 일'이란 문자 그대로 자신의 기분과 신체에 관심을 기울이고 풍요로움을 음미할 수 있는 범위 내에서 일한다는 의미입니다. 이것은 가족과 친구, 이웃 등 평소에 만나는 친한 사람들을 행복하게 할 수 있는 범위라고 할 수도 있겠지요.

내가 싫어질 때 읽는 책

A.
우선, 자기 주변을 쾌적하게 하는 데
성공해야 합니다.

그런데 이것이 때로 엄청나게 큰 범위에 닿는 일도 있습니다. 예를 들면 인도 독립의 아버지 모한다스 카람찬드 간디를 봅시다. 그는 왜 영국 제국주의와 싸우느냐는 질문에 이렇게 답했습니다. "나의 정신을 무럭무럭 성장시키고 싶은데 영국 제국주의가 그것을 방해하기 때문입니다."

그는 자신의 분수에 맞는 일을 하고 있었지만, 그것이 결과적으로 세계역사를 근저에서 변혁시키는 비폭력·불복종 운동이 되었습니다. 반대로, 쓸데없는 확장을 목표로 지구 규모로 일을 벌이는 사람은 자신의 신체성을 무시한 나머지, 헛수고로 끝나고 맙니다.

자기혐오를 느끼고 싶지 않아서 신체성을 무시합니다.

예를 들면 고양이는 지구 규모로 뭔가를 하는 일이 없습니다. 자신의 신체의 행복을 계속 채우는 것만으로 충분하죠. 자신에게 반경 3m가 마음 편한 공간이라면 그것으로 충분한 거죠. 이것이야말로 신체의 범위입니다. 인간의 경우 아마도 반경 500m가 마음 편한 공간이라면 그것으로 된 겁니다. 반경 500m 이내에 불쾌한 일과 무서운 사건과 위험한 시설 같은 것이 없으면 행복한 기분으로 지낼 수 있습니다. 물론 반경 500m 이내의 쾌적함을 실현하는 것조차 간단한 일은 아닙니다. 먼저 가족과 사이좋게 지내고 이웃과도 사이좋게 지내고 환경도 보호해야 하니까요. 그러나 그런 일을 하는 것이 자애로 가득한 성공에의 지름길이지요.

반경 500m의 쾌적함을 무시해서 활약하려고 하므로 무리가 생깁니다.

처음부터 반경 500m를 목표로 하는 것이 큰일이라고 생각된다면 먼저 집 안을 쾌적하게 하는 것을 목표로 하면 어떨까요. 집 안을 쾌적하게 정리해보는 일. 가족과의 관계를 개선해보는 일. 그리고 이웃에게 기분 좋은 인사를 건네는 등 쾌적함을 넓혀보는 일.

자신의 방은 엄청나게 어질러져 있으면서 가족과의 관계

내가 싫어질 때 읽는 책

가 이러쿵저러쿵해야 한다고 말하는 것은 어불성설입니다. 그러므로 자애에 이르기 위해서는 자신의 몸 주위에서 시작하는 수밖에 없다고 하는 이론적 확신과 더불어 저의 신체적 실감을 여러분에게 전하고 싶습니다.

은둔형 외톨이는
자기혐오의
나쁜 예?

바깥으로 계속 영토를 확장해 자기혐오를 커버하려는 사람도 있고, 은둔형 외톨이라는 형태로 자기혐오에 대처하는 사람도 있습니다.

은둔형 외톨이는 자기혐오의 대처법으로 그리 나쁘지 않습니다. 왜냐하면 그들은 '친환경'이기 때문입니다.

A.
은둔형 외톨이는
오히려 친환경입니다.

강한 자기혐오에 빠진 사람은 계속되는 영토 확장을 목표로 할 뿐 아니라 주위 사람에게도 이것을 목표하도록 강요합니다. 그가 큰 수레바퀴처럼 겉돌고 있는 와중에, 누구도 끌어들이지 않고(부모에게는 다소 폐를 끼치지만) 자신과 인터넷 사이에서 최소한으로 겉돌고 있는 사람이 있습니다. 이런 은둔형 외톨이는 오히려 에너지 효율이 좋은 삶을 살고 있다고 할 수 있겠죠.

"좀 더 제대로 된 직장을 구해야지."

"바깥에 나가 사회의 도움이 되어야지."

이러한 초조함도 느낄 테지만, 그리고 그렇게 바깥으로 도는 것이 단기적으로 사회에 공헌하는 일일지 모릅니다만 장기적으로는 환경파괴에 가담해 인류사회의 존속을 위협하는 일이 될지도 모릅니다.

은둔형 외톨이는 입장도, 역할도 없는 것처럼 보이지요. 그러나 입장과 역할을 논외로 한다면 은둔형 외톨이가 문제인 것은 돈이 없다는 것 정도가 아닐까요?

만약 그들이 인터넷을 통해, 얼마 안 되지만 집 안에서 살수 있을 정도의 수입을 얻을 수 있다면 그것으로 큰 문제는 없다고 생각합니다. 쓸데없는 확장주의에 감염되지 않고 자연환경을 파괴하지 않는 은둔형 외톨이는 오히려 환경 친화적인 삶의 방식이라고 할 수 있습니다.

오히려 문제인 것은 은둔할 용기가 없는 사람인지 모릅니다.

자신의 불쾌함과 마주하지 않기 위해 마약에 빠지듯이 일에 몰두하고 동경에 기초한 연애에 몰입합니다. 즐거운 척을 하고 SNS에 사진을 올리고 "좋아요"를 기다립니다.

늘 자신의 '싫다'는 감각을 무시하고 헛돎을 반복하는 사람들은 은둔형 외톨이보다 훨씬 건강하지 않을지 모릅니다.

입장주의란 무엇인가?

앞에서 입장과 역할에 대해 이야기를 하였습니다.

특히 일본인은 자신과 상대가 어떤 입장에서 어떤 역할을 맡고 있는지에 신경을 많이 씁니다. 나는 이것을 '입장주의'라는 이데올로기라고 생각합니다. 나중에 상세히 설명하겠는데요. 입장주의는 제2차 세계대전 때 막대한 수의 사람이 입장 상 어쩔 수 없이 사람을 죽이고 자신의 목숨을 위험에 노출하는, 가공할만한 역할을 강제 당함으로써 일본 사회에 침투하였다고 생각합니다.

그리고 전후, 자기 입장을 지키기 위해 필사적으로 역할을 맡는 행동 패턴이 막대한 수의 기계를 움직이는 공장 운영에 큰 힘을 발휘해 고도성장을 실현하는 등 이로 인해 일본 사회의 에토스라는 것이 만들어졌다고 생각합니다.

그러나 입장과 역할을 고집하는 것도 자기혐오를 메

우기 위한 것입니다.

따라서 자애를 회복하기 위해서는 입장과 역할로부터 벗어나는 것이 중요합니다. 그러면 애당초 입장과 역할은 왜 필요한 것일까요.

회사원으로서의 나.
부장으로서의 나.
아버지로서의 나.

이러한 입장을 추구하는 이유는 자기 자신에 불안을 느끼기 때문입니다. 그리고 두말할 필요도 없이, 자신에 불안을 느끼는 이유는 자기혐오 때문입니다.

A.
입장주의란, 입장을 지키기 위해 어떻게든
자기 역할을 다하려는 정신입니다.

자기혐오가 일으키는 불안에서 도망가는 쉬운 방법 중

내가 싫어질 때 읽는 책

하나는 '○○으로서의 나'라는 틀에 자신을 끼워 넣는 것입니다. 그것을 연기할 수 있으면 자신의 아이덴티티가 확립된다고 굳게 믿는 겁니다. '○○로서의 나를 연기한다'는 이 행위는 최근 점점 가속화하고 있습니다. 예를 들면 '○○캐릭터'라는 어휘꾸러미를 보면 알 수 있지요.

신입생과 신입사원으로 새로운 집단에 들어가는 경우, 처음에 신경 쓰는 것은 자신이 어떠한 캐릭터인가입니다. '진지한 캐릭터'로 갈 것인지 '왕따 캐릭터'로 갈 것인지. 이러다 보니 캐릭터를 고정할 때까지는 불안해서 어쩔 수 없는 거죠.

그러나 회사원이라는 것도, 부장이라는 것도, 아버지라는 것도, 왕따 캐릭터라는 것도 당신의 하나의 측면을 보이는 것에 불과합니다. 아이덴티티나 캐릭터가 곧 당신 자신은 아닙니다.

당신은 캐릭터를 연기하고 있지 않습니까? 만약 당신이 캐릭터를 연기하고 있다면 그것을 손에서 놓는 것도 가능하지 않을까요?

입장주의는
왜 편하고
또 괴로울까?

'입장주의'란 도대체 무엇일까요.

　그것은 사회가 인간이 아니라 입장으로 만들어져 있다고 보는 사상입니다. 각각의 입장에는 역할이 붙어 있어서 역할을 다하면 입장이 지켜진다는 것입니다. 이러한 사회에서 인간은 입장을 담는 그릇 같은 존재로 전락합니다. 역할을 수행할 수 없으면 도움이 되지 않는 존재가 되어 입장을 잃어버립니다. 그렇게 되면 그 사람은 '있을 곳'을 잃어버립니다.

　그런데 자신의 본질과는 다른 역할이나 이른바 캐릭터를 연기하고 있으면 사람이 지칩니다. 본심을 말하고 싶어도 '교사이므로' 말하지 못한다. 실은 다른 사람에게 무시당하는 것이 싫지만 '왕따 캐릭터'이므로 참아야 한다. 이런 식으로 자신의 감수성을 무시한 채 매일을 사는 것은 확실히 지치는 일이겠지요.

그러나 가장 지치는 일은 '역할 = 자신'이라고 착각하는 일인지 모릅니다.

예를 들면 '영업맨'이라는 것은 당신의 하나의 측면을 보이는 것뿐으로 당신의 본질을 나타내는 것이 아닙니다. 그러나 일하는 현장에서는 종종 '영업맨 = 자신'이라고 생각하기 십상이죠. 그리고 '영업맨으로서 좋은 성적을 올리지 못하는 자신 = 뭘 해도 안 되는 자신'으로 여기며 괴로워합니다.

이런 이야기를 들었습니다. 어떤 디자이너가 라이브 음악 활동을 병행하고 있었다고 합니다. 그런데 디자인 사무소의 동료에게는 자신이 음악을 하고 있다는 사실을 숨겼습니다. 역으로 음악 동료에게는 자신이 디자이너라는 사실을 기어코 숨겼다고 합니다.

여러 가지 일을 하고 있다고 말하면 뭔가 동료를 배반하는 느낌이 들어서 그랬다고 합니다. 이것 역시 '디자이너 = 자신', '음악가 = 자신'이라는 일본인다운 발상입니다. 한 사람이 양립될 수 없는 두 직업을 겸하고 있다고 생각했으므로 그렇게 숨겼을 겁니다.

그런데 이것이 예를 들어 중국에서는 전혀 반대의 발상이 됩니다.

중국인은 일단 '훌륭한 나'라는 발상을 합니다.

중국이라고 하면 중화사상인데요. '중中'이라는 것은 기본적으로 자신을 의미합니다. '중화'라는 것은 자신이야말로 세계의 중심으로서 훌륭하다는 느낌이 아닐까요.

중국인들은 복수의 속성을 가진 것을 자랑합니다. 디자이너로 일하는 것도, 음악가로 활동하는 것도 그 '훌륭한 나'를 높여주는 것이라고 생각합니다. 그래서 디자인도 음악도 할 수 있는 '훌륭한 나'라고 자신을 어필합니다.

그리고 중국인들은 인맥을 중요하게 여깁니다. 여러 얼굴을 갖고 있으면 인맥이 그만큼 늘어나므로 이것저것 할 수 있어서 인맥이 넓은 훌륭한 나가 됩니다. 결코 '디자이너 = 자신' '음악가 = 자신'이라고 무리하게 나누는 일을 하지 않습니다.

아이덴티티를 확립해야 한다고 말들 합니다만 이것을 '디자이너로서의 아이덴티티를 확립한다' '음악가로서이 아이덴티티를 확립한다'와 같이 자신의 입장을 확실히 하는 식으로 오해해서 받아들이는 경우가 많습니다.

그러나 입장은 아이덴티티가 아닙니다. 아이덴티티란 '자기동일성'이라는 말로 번역하는데요. 이것도 서구사회가 만들어낸 의미 불명의 국소적 개념에 지나지 않습니다. 아이덴티티의 어간인 'iden'이라는 말은 '동일하다'는 의미입니다. 아마도 일신교에서 말하는 신과의 합일과 같은 의미로, 유대교 크리스트교적 개념이 배경이 되었을 겁니다.

그로 인해 문화적 배경이 전혀 다른 일본어로는 애당초 번역할 수 없는데요. 입장주의 사회인 일본에 무리해서 가져오면 '입장'이 가장 가까울 것입니다. '신과의 합일'이 '입장과의 합일'이 된 것이죠. 입장은 일본인을 위한, 반면에 아이덴티티는 서구인을 위한, 자기혐오를 잊기 위한 도구에 지나지 않습니다.

입장주의는 실은 이미 기능하지 않게 되었습니다. 왜냐하면 이제 막대한 수의 기계를 인간이 조작할 필요가 더 이상 없기 때문입니다. 지금은 그 일을 지칠 줄 모르는 컴퓨터가 하고 있습니다. 입장을 지키기 위해 맡아야 할 역할도 없습니다. 그럼에도 일본 사회는 아직도 입장주의로 움직이고 있습

니다. 그러나 열심히 입장을 지키기 위해 역할을 계속 수행해
도 자신을 잃어버리는 것 외의 일은 일어나지 않습니다.

A.
입장을 지키면 '자신이 있을 곳'은 얻지만
'자신'은 잃어버립니다.

주체는 어디까지나 다양한 것을 느끼고 다양한 행위
를 하는 당신 자신입니다.

당신이 하는 일은 당신의 하나의 표현에 지나지 않습니
다.

왜 일본에서
입장주의가
대두했을까?

입장주의에 묶이지 않는 본래의 자신을 살아야 합니다.

머리로는 이해한다 해도 지금의 일본 사회 시스템에서 입장주의에 묶이지 않고 본래의 자신으로 사는 일은 좀처럼 쉽지 않습니다. 예를 들면, 학교에서 한번 들어간 동아리를 그만둘 때 학생은 매우 고민합니다. 의무도 아니고 아무것도 아니므로 싫으면 그만두면 될 텐데요. "동아리를 그만두다니 배반자다. 믿을 수 없다"는 무언의 압력을 느끼는 거죠.

그것은 '자신의 입장을 지키지 않는 녀석은 안 된다'는 세뇌가 우리 안에 박혀 있기 때문입니다.

예를 들면 중국의 어느 IT 관계의 대기업 신입사원에게 "10년 후 어떻게 되어 있을까요?" 하고 설문 조사를 해보니 대다수가 "이 회사에는 없을 겁니다. 창업을 하고 있을 겁니다."라고 답했다고 합니다.

거기에는 '입장을 지킨다'는 발상은 없습니다.

중국의 어느 우수한 여성이 일본의 유명대학에서 석사 학위를 받고 일본의 큰 은행에 취직했습니다. 회사에서도 그녀에게 큰 기대를 걸고 있어 특별 교육담당자를 배치할 정도였다고 합니다. 하지만 그녀는 매일 해야 하는, 의미도 모르는 보고서 작성으로 회사가 완전히 싫어졌습니다. 그래서 입사한 지 두 달 만에 퇴직을 결심하고 반년 후 미국으로 가게 되었습니다. 그 사실을 인사부에 전하자 그들은 사태를 받아들일 수 없었습니다. 너무나도 윤리에 반하는 일이라고 생각한 거죠. 그래서 마침 미국에서 남자친구와 결혼식을 올리게 되었다고 말하니 결국 결혼 퇴직으로 납득을 해주었다고 합니다.

그럼에도 그만두는 날까지 사내에서 주위 직원들로부터 비난이 심했다고 합니다. 그때까지 사이가 좋았던 동료들이 자신을 무시하는 바람에 무척 괴로웠다고도 했습니다. 일단 어떤 입장에 서면 어떤 일이 있어도 그것을 지켜야 한다는

내가 싫어질 때 읽는 책

세뇌가 일본 특유의 현상임을 잘 보여주는 에피소드입니다.

그렇다면 일본에는 왜 이런 입장주의가 대두했을까요.

그것은 통제가 잘 된 조직일수록 좋은 성과가 나온다는 과거의 성공 체험 때문이겠죠.

전쟁 전의 일본군은 바로 이 입장주의로 운영되고 있었습니다. 자신의 입장을 지키기 위해 과도한 노력의 집적으로 조직 전체가 폭주하고 말아서 도대체 무엇을 위해 싸우고 있는지 알 수 없는 전쟁에 전 국민을 끌어들였습니다. 전 국민의 일치단결한 입장을 지키기 위해 허리띠를 바싹 졸라매고 죽는 것이 훌륭하다는 이데올로기가 일본 사회를 뒤덮고 말았죠.

패전 후, 일본인은 그때까지의 입장주의를 반성하였는가 하면 그런 일은 없었습니다. 그러기는커녕 한술 더 떠서 전쟁 중에 단련한 입장주의 정신으로 한 명, 한 명이 자신을 죽이고 조직의 톱니바퀴가 되어 열심히 일했습니다.

이러한 전시 중 가졌던 정신 구조 그대로 전후의 경제성장을 실현하였습니다. 공장의 컨베이어벨트 시스템처럼 가

자가 자신의 포지션을 지키고 숙련하는 것이 성과를 내는 지름길이었습니다.

> '각자가 입장을 지킨다 = 모든 역할이 제 기능을 한다 = 공장이 원활하게 작동한다 = 업적을 올린다'가 하나가 되어 연결되어 있었습니다.

왜 그런 일에 성공하였을까요.

그것은 당시의 공장이 막대한 수의 기계를 다루고 있었기 때문이겠지요. 수많은 복잡한 기계를 모두의 마음을 하나로 모아 움직일 수 있었던 것은 누구도 목숨을 걸고 입장을 지켜야 해서 다들 충실히 자기 역할을 수행했기 때문입니다.

A.
입장주의가 전후 경제성장의 그림자를 지금까지 끌고 가고 있습니다.

그러나 시대는 바뀌었습니다. 공장은 자동화되었고 기

　　　　　　　　　　　내가 싫어질 때 읽는 책

계는 컴퓨터가 제어하므로 통제가 잘 된 조직도, 숙련공도 필요 없어졌습니다. 그런데도 일본인은 그 사이에 굳건한 신념의 입장주의자가 되어 입장을 지키기 위해 자기 역할을 수행한다는 양상이 일종의 윤리의식으로까지 자리 잡게 되었습니다. 그리고 그것 외의 방법으로 성과를 올리는 것은 악덕인 것처럼 생각하게 되었습니다.

그러므로 개인이 각자 자신의 감각으로 판단해 능력을 발휘하는, 유연하고 창조적인 형태로 질서화된 조직은 상상조차 할 수 없게 되었습니다. 그런 일을 생각하는 것은 부도덕하다는 생각이 들어 무섭기 때문입니다.

그러나 고도 경제성장이 지속되던 시대, 각자의 입장을 지키면서 자기 역할을 다해 생산성을 올린다는 생각은 이제 환상에 지나지 않습니다.

단적인 예로 쇠퇴해 가는 일본의 가전기업을 들 수 있겠지요. 이미 자동화가 이루어져 입장주의자가 날뛰는 조직은 필요 없는데도 그것을 추구하고 있지요.

소비자의 수요를 미리 파악한 제품과 혁신적인 구조를

만들기보다 각자의 입장을 지키는 데 전력을 다하고 있습니다. 그리고 이익률을 높이는 일도 없이, 단지 입장을 지키기 위해서만 많은 사람을 이용하고 있지요.

지금은 입장주의에 기초한 통제된 조직 만들기는 조직의 유효성을 상실케 하고 경제를 정체시키는 걸림돌이 되고 말았습니다.

시대는 바뀌어 공장은 자동화되었고

기계는 컴퓨터가 제어하므로 통제가 잘 된 조직도,

숙련공도 필요 없어졌습니다. 고도 경제성장이 지속되던

시대, 각자의 입장을 지키며

자기 역할을 다해 생산성을 올린다는 생각은

이제 환상에 지나지 않습니다.

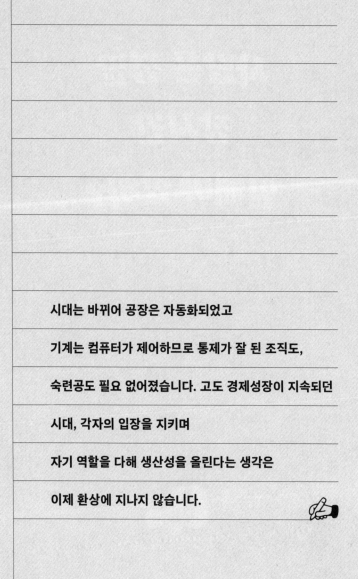

사람은 정말
장시간
일해야 할까?

Q.

"그렇다고 하더라도 매일 바쁘게 일할 수 있는 것은 조직이 제대로 기능하고 있기 때문이 아닐까요?"

이런 의견도 있겠지요. 여기서 문제로 삼고 싶은 것은 '바쁘게 일하면 좋은가' 하는 것입니다.

실은 바쁘게 일하고 있는 사람일수록 아무것도 기능하지 않는 경우가 많습니다.

일의 내용을 보면 이익에 연결되지 않는 쓸데없는 표를 만들거나 필요도 없는 보고서를 이것저것 작성하는 일입니다. 학교 교사의 경우 교과연구와 학생과의 대화 같은 본분은 틈틈이 하고, 의미 없는 서류작성과 회의에 늘 쫓기고 있습니다.

왜 이런 일이 일어날까요. 이것 또한 자기혐오와 관계가 있습니다. 자기혐오에 빠진 사람은 자신의 부정적인 면만을 부각시키고 신경을 쓴다고 말했습니다.

그렇게 되면 바쁘지 않은 자신을 용서하지 못하는 상황이 되어버립니다.

그래서 자신을 더 바쁘게 만드는 일이 일어나지요. 이것은 일종의 '알리바이 만들기'라고 할 수 있겠지요. 자신의 존재에 자신이 없으므로 '존재 증명'이 필요한 겁니다. 그 결과, 쓸데없는 일을 만들거나 필요 없는 회의를 계속하고 말지요. 물론 그 일이 가치를 낳는 일은 거의 없습니다.

일에 많은 시간을 들이는 것과, 가치를 만들어내는 것은 결코 정비례하지 않습니다. 가치를 만들어내지 않는 쓸데없는 일을 만들어 자신을 바쁘게 함으로써 자기혐오를 메우려는 현상이 우리 사회에 만연하고 있습니다. 애당초 장시간 일하지 않으면 생활할 수 없다고 세뇌되어 있습니다.

A.
장시간 일해야 한다는 생각도
일종의 세뇌에 불과합니다.

이만큼이나 PC와 인터넷이 보급되어 인간이 수작업으로 하던 일이 기계의 힘을 빌려 효율화되었으므로 본래대로라면 일하는 시간이 줄어드는 것이 이치에 맞을 겁니다. 예를 들어 네덜란드와 스웨덴에서는 일 나눔work share이라는 형태로 노동시간을 줄이는 데 성공했다고 합니다. 그렇게 해도 사회는 돌아가고 재정에도 별 문제가 없습니다. 사람들도 활발하게 살고 있습니다.

그러나 자기혐오를 장시간 노동으로 메우고 있는 사람에게는 일 시간이 감소하는 것도, 주위 사람이 활발하게 인생을 즐기는 상황도 곤란합니다.

매일 아침 만원 지하철에 흔들리고 장시간 잔업한 뒤 완전히 지쳐 집에 돌아갑니다. 그렇게라도 하지 않으면 자기혐오라는 구멍의 거뭇거뭇한 입구로부터 눈을 돌리지 못합니다. 인간이라는 원숭이에게 필요한 것은 맛있는 것을 먹고, 기분 좋은 곳에서 살고, 좋은 친구와 함께 있기, 이 세 가지뿐입니다. 입장주의 조직의 장시간 노동이 이러한 것에 과연 연결되는 길인가 잘 생각해야 할 것입니다.

내가 싫어질 때 읽는 책

바쁘게 일하는 것 또한 자기혐오와 관계가 있습니다.

자기혐오에 빠진 사람은 바쁘지 않은 자신을

용서하지 못합니다. 그래서 자신을 더 바쁘게 만듭니다.

일종의 '알리바이 만들기'입니다.

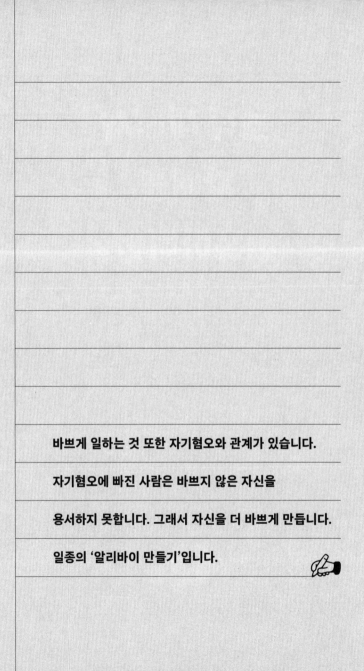

조직 내에서
자애를
회복하려면?

‘일하는 방식을 바꾸자’, ‘짧은 시간으로 가치를 만들어
내고 모두 자신을 긍정하자’라고 생각한다고 합시다. 그러
나 입장주의에 지배받는 조직 안에서는 혼자만 자애로 살자
고 자각해도 좀처럼 잘할 수 없습니다. 의미 있는 일을 하는
사람, 의미 없는 정해진 일을 거들떠보지 않는 사람을 주변
에서 결코 그냥 두지 않기 때문입니다. 그 압력은 굉장해서
본인도 그런 자신에게 죄악감을 느끼지 않고 지내기란 매우
어렵습니다.

  현대사회에는 ‘괴로운 생각을 참는 것을 대가로 보수를
얻는다’는 세뇌가 득세하고 있습니다. 아무리 가치 있는 일
을 했다고 해도 괴로운 일을 경험하지 않은 사람이 돈을 받
는 것은 죄악처럼 생각합니다. 그것은 우리 윗세대가 그런
식으로 대가를 받아왔기 때문이죠.

  그런 분위기에서는 “자애로 가득한 삶을 목표로 자신의

건강을 지킬 수 있는 범위에서 자신을 소중히 여기고 가치를 만들어내자." 하고 생각해도 주변의 압력에 짓눌리고 맙니다.

여기서 제안하고 싶은 것이 무연자無緣者가 되는 것입니다.

~~~~~~
A.
조직 내에 있으면서
무연자가 되어보는 것입니다.
~~~~~~

중세 일본에는 무연소無緣所라는 곳이 있었습니다. 이곳은 주종 관계, 친족 관계를 모두 끊고 재산도 버려두고 나라의 지배로부터도 도망가는 장소입니다. 세속과 인연을 끊은 다종다양한 사람들이 모인 곳이라고 합니다.

물론 지금은 무연소 같은 곳은 없습니다만 '무연자로 산다'고 의식함으로써 입장주의의 속박에서 어느 정도 벗어날 수 있다고 생각합니다. 구체적으로는 실제로 조직을 떠나는 것도 한 가지 방법입니다만, 예를 들면 '여하튼 잔업을 하는 것이 일하는 느낌이 든다'는 것이 직장의 풍조라면 직장에 머물면서 그 풍조로부터 연을 끊는 겁니다.

그러나 자기혐오를 메우기 위해 의미 없는 일로 위장하고 있는 사람들이 볼 때 그러한 태도는 공격의 대상이 됩니다. 이때는 어떻게 하면 좋을까요?

"저 녀석은 말도 안 되는 녀석이므로 어쩔 수 없다"고 생각하게 만드는 방법이 있습니다. '어쩔 수 없는 녀석', 그것이 무연자입니다.

일하는 시늉을
하는 사람의 공격을
받지 않으려면?

Q.

자기혐오를 메우는 목적인 장시간의 쓸데없는 일을 그만두고 의미 있는 일을 단기간에 마치는 것입니다.

　이런 태도는 일로 위장하고 있는 사람의 눈으로 보면 자신에 대한 위협이나 공격으로 느끼겠죠. 누군가가 진짜 의미 있는 일을 하면, 의미 있는 일을 하는 시늉을 하는 사람은 '하는 척을 지적받는' 느낌이 들어 불쾌하게 여길 겁니다. 상대와 자신의 벽을 정면 돌파하려 해도 상대의 반발만 있을 뿐 결말이 나지 않습니다.

　이런 경우는 자신이 무의미한 일을 하는 것처럼 위장하는 방법이 있습니다.

A.
무의미한 일을 진지하게 하는 척하면서,
의미 있는 일을 하는 것입니다.

일하는 시늉을 하는 사람을 위협하지 않고, 의미 있는 일을 하려면 어떻게 해야 할까요. 이를 위해서는 의미 없는 일을 진지하게 하는 척하면서, 의미 있는 일을 하는 것 외에는 방법이 없다고 생각합니다. 즉

의미 없는 일을 모두가 의미가 있는 것처럼 위장하고 있다. 그래서 의미 있는 일을 하면 눈에 띄므로 공격을 받는다. 그러므로 의미가 없는 일을 의미가 있는 것처럼 위장하면서, 의미 있는 일을 한다.

아시겠습니까?

예컨대 서류를 디지털화해서 업무 효율화를 도모하려 한다고 합시다. 지금까지 수작업으로 하던 서류와 정산서류를 종이를 없앰으로써 서류작성 시간이 줄고 그것만으로 창의적인 일에 시간을 쓸 수 있습니다. 이것이 가치를 높이는

개혁이라는 확신이 당신에게 있다고 합시다.

그러나 "이것은 의미가 있습니다"라고 진행해도 의미 있는 척을 하면서 의미 없는 일을 하는 상사에게는 당신이 거북한 존재로밖에 보이지 않습니다. 그러면 어떻게 해야 할까요?

'무의미한 일을 하는 척'을 하는 겁니다.

상사라는 벽을 정면 돌파하는 것이 아니라 상사와 똑같이 의미 있는 일을 하는 척을 하고 의미 없는 일을 하는 시늉을 해서 돌파하는 거죠.

구체적으로는 '종이 없애기를 통한 업무 효율화'를 내세워 정면 돌파하는 것이 아니라 다음과 같은 스토리로 상사에게 확인을 받는 겁니다. "종이 없애기를 하면 효율화가 될지 안 될지 애매합니다만 이 일을 무리하게 만들어서 평가를 받고 싶습니다. 이렇게 하면 우리 과도 좋게 평가받겠지요."

그러면 상사도 "우리 과가 평가를 잘 받는다고 하면 해도 좋겠지?" 정도로 생각해줄지 모를 일입니다. 의미가 있는 시늉을 하고 의미가 없는 일을 하고 있는 것처럼 보여서 진짜로 의미 있는 일을 하는 겁니다. 이런 위장은 바보 같은 짓이 아닌가 생각할지 모릅니다. 하지만 잠깐 기다려주세요.

내가 존경하는 마이클 잭슨은 '국가, 사회, 어른의 폭력으로부터 아이를 지켜라'는 사상을 전하기 위해 '시시한 팝 음악'과 '외설적인 댄스'라는 위장으로 수억 명에게 강렬한 메시지를 전했습니다. 미야자키 하야오의❁ 애니메이션 영화도 똑같습니다. '시시한 일을 하는 시늉'은 실로 중요한 예술입니다.

❁ 일본을 대표하는 세계적인 애니메이션 감독. 대표작으로 〈센과 치히로의 행방불명〉, 〈이웃집 토토로〉 등이 있다.

내가 싫어질 때 읽는 책

의미가 없는 일을 의미 있는 일을 하는 것처럼 보이면서,

진짜로 의미 있는 일을 하는 겁니다.

'시시한 일을 하는 시늉'은 실로 중요한 예술입니다.

의미 없는
일이
주어지면?

물론 조직 안에 있으면 자신의 일을 컨트롤하는 것은 어렵겠죠. 입장주의자인 상사가 의미 없는 일만 시키는 경우도 있을 것입니다.

　　자기혐오를 메우기 위해 의미 없는 일을 하고 그것을 타인에게도 시킵니다. 그것을 맡은 사람 역시 충족감을 얻지 못해 자기혐오의 구멍이 더 커집니다.

　이런 악순환을 멈추려면 어떻게 해야 할까요?

　앞에서 무연자 이야기를 했는데요. 이 경우는 '저지르는 것'도 한 가지 방법입니다. 다른 사람의 의표를 찌르는 일을 계속 하는 거죠. 그렇게 하다 보면 주위로부터 '무엇을 할지 모르는 녀석'이라는 평판을 얻게 됩니다.

이를 위해서는 위에서 시킨 일을 액면 그대로 진지하게 하는 것이 필요합니다.

의미가 없는 일을 의미가 있는 일인 척하는 겁니다. 즉 '의미가 있는 척'을 말 그대로 진지하게 받아들이는 겁니다.

쓸데없는 서류작성을 부하에게 시킨 상사는 자신이 시킨 대로 부하가 적당하게 해주면 된다고 생각하겠지요. 그러나 진지하게 시스템의 문제로부터 생각해서 "이 서류는 이런 포맷으로 바꾸는 것이 효율적이다" "아니, 애당초 이런 서류는 필요한가?" 같은 느낌으로 진지하게 임해보세요.

그러면 어떤 일이 일어나는가 하면 일이 굉장히 성가셔집니다. 과장은 적당히 일을 처리해줄 것으로 예상하고 있었는데, 만약 당신이 액면 그대로 진지하게 처리한다면, 과장 입장에서는 꽤 곤란해집니다. 그렇다고는 하지만 액면을 명령한 것은 과장 자신이므로 멈추게 할 수도 없는 노릇입니다. 이런 딜레마에 상사를 몰아넣는 겁니다.

물론 이런 일을 하면, 하는 본인도 보통일이 아닙니다만 그럼에도 며칠 밤을 새운다는 각오로 굉장히 훌륭한 성과를 만들어 보이는 거지요. 그 일에 집중하는 동안 당신은 다른 일을 못하게 되므로 주위 사람도 피해를 보게 됩니다. 게다가 묘하게 훌륭한 일을 하므로 주위 사람은 자신이 하고 있는 일의 의미가 드러나 이중으로 곤란한 상황이 됩니다.

A.
자신에게 의미 있는 일에
진지하게 도전해보세요.

이렇게 하면 그냥 진지하게 일하고 있는 것뿐임에도 당신에게 쓸데없는 일을 부탁하는 사람의 수는 줄어들겠죠. 당신에게 일을 배당하면 자칫 자기 일이 늘어나기 때문입니다.

그런데 이렇게 하기 위해서는 어느 정도 각오가 필요합니다. 그렇지만 각오만 하면 누구든지 할 수 있습니다. 이를 위한 각오란 어떤 것일까요?

그것은 '나는 회사가 기대하는 주류파와 출세코스에는 관심이 없다'고 정하는 겁니다.

'상사의 기대에 부응하고 주위와 경쟁하면서 출세를 목

표로 한다.' 이것이 회사원의 본분이라고 하면 거기서부터 일탈하는 것. 월급 정도만 받는 걸로 좋다는 마음으로 갑시다. 지금도 일본의 기업은 일단 채용하면 그렇게 간단하게 해고하지 않습니다.

좋은 일을 하는 것과 회사에서 출세하는 것은 다릅니다. 나의 대학 친구의 아버지는 어느 대기업의 엘리트 사원이었습니다. 나는 그 친구 집에서 자주 잤습니다. 그 아버지는 실로 어려운 일을 하였습니다만 언제나 즐거워 보였습니다. 어느 날 밥을 먹으면서 친구 아버지는 나에게 이렇게 말했습니다. "나는 늘 회사 서랍 속에 사표를 넣어두고 있단다. 그러지 않으면 일을 할 수가 없거든." 대학생이었던 나에게는 의미를 알 수 없는 말이었는데요. 지금은 잘 압니다.

'언제라도 회사를 그만두겠다는 각오가 없으면 의미 있는 일을 할 수 없다'고 생각한 것이 고도 성장기를 지탱해 온 엘리트 샐러리맨의 마음가짐이었다고 생각합니다. 즉, 일하는 데 있어 나침반으로 삼아야 할 것은 조직으로부터의 평가가 아니라 '자신에게 의미 있는 일'이라는 손맛입니다.

그러나 조직은 자신에게 의미 있는 일인지 아닌지를 자신의 머리로 생각하는 사원을 싫어합니다. '의미 있는 일인지 아닌지 생각하는 것은 네가 아니라 간부다. 일일이 사원이 그것을 생각하면 귀찮은 일이 발생한다.' 조직은 그렇게 생각하기 십상입니다. 이런 압력 속에서 친구 아버지는 이 일이 자신에게 의미가 있는지 아닌지를 판단하고 그에 따라 행동하기 위해서는 언제라도 사표를 낼 각오가 필요했던 겁니다.

그러나 조직은 사원의 '자애 모드'를 저지하기 위해 자기혐오와 죄악감을 심습니다. 서열을 외우게 하고 규칙을 주입시키고 '윗사람 말을 거슬러서는 안 된다' '자신의 방식으로 해서는 안 된다'고 주입합니다.

'있는 그대로의 자신이어서는 안 된다'고 주입하기 위해 상사가 철저하게 훈련하는 회사도 있습니다. 이런 압력을 정면 돌파해 싸워서는 의미도 없을 뿐더러 승산도 없습니다. 그렇지만 조직에 들어가면 자기혐오를 강제 당한다는 사실을 사전에 이해하는 것은 중요합니다. 그리고 언제라도 사표를 낼 각오를 다지는 거죠. 이 상태에서 귀여운 아이 시늉을 하면서 "예, 예" 하고 그냥 들어주면 됩니다. 그리고 들은 말을 액면 그대로 받아들이고 주변의 시선에 아랑곳하지 않고 진지하게 하는 겁니다.

그리고 자신 안의 자애를 소중히 키우고 자신에게 의미 있는 일을 하고 의미 있는 기술을 익히는 겁니다. 어느 정도 기능과 권한을 손에 넣으면 그것을 철저하게 악용(?)해서 의미 있는 일로 전환합니다.

'내 안에 자기혐오를 심는 조직의 압력과 싸우려 하지 않는다. 그러나 복종은 하지 않는다.'

다른 채널을 통해 조용히 당신의 자애를 키워나가는 것이 중요합니다.

의미가 없는 일을 의미가 있는 일인 척 하는 겁니다.

아이 시늉을 하면서 "예, 예" 하고 그냥 들어줍니다.

그러면서 자기 안의 자애를 소중히 키우고, 자신에게

의미 있는 일을 하고, 의미 있는 기술을 익힙니다.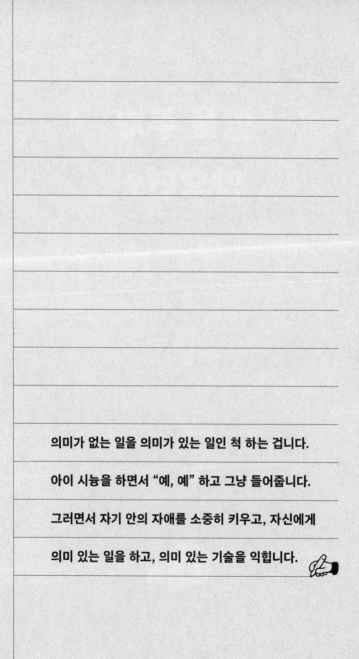

일을 주지
않으면?

이런 식으로 하면 모두로부터 미움은 받지 않더라도 거북한 대상 취급을 받겠죠. 아무도 가까이 오지 않아 혼자 동떨어져 있게 되어 쓸쓸할지도 모릅니다. 그러나 그렇게 되면 일도 내려오지 않으므로 한가해집니다. 게다가 그들 쪽에서 적극적으로 당신에게 일을 맡기지 않는 핑계를 댈지도 모를 일입니다.

　일을 주지 않는 것은 역할을 주지 않는 것입니다. 이것은 이윽고 당신의 입장을 없애는 것의 전조입니다. 이것은 무서운 일이기도 합니다만 여기서 위축되어 "일 주세요." 하고 말하면 그것으로 끝입니다.

그럴 때일수록 한가하게 있어야 합니다.

　무서울지 모르겠습니다만 한가해지면 각오를 하고 멍

때리고 있는 것이 매우 중요합니다.

A.
일을 주지 않으면
<u>스스로 한가해지세요.</u>

자신이 정말로 무엇을 하고 싶은가를 알기 위해서는 시간이 필요합니다.

이를 위해서는 역시 일을 줄이는 것이 중요합니다.

찬스는 생각하지도 못한 방향에서 찾아옵니다. 찾아온 찬스를 잡기 위해서는 한가해야 합니다.

바쁘면 설령 찬장에서 떡이 떨어져도 몰라서 얼굴을 들었을 때는 아무것도 떨어지지 않았다는 상황이 되고 맙니다. 만약 조직에 속해 있지 않은 경우라면 한가하면 일이 줄어드는 셈이니까 돈은 없어지겠지요.

그런데 돈이 없어지는 것 또한 나쁜 일만은 아닙니다. 왜냐하면 돈이 없어지면 돈을 내지 않으면 상대해주지 않는,

가짜 관계가 자동으로 끊어지기 때문입니다. 떼려야 뗄 수 없는 악연인 친구의 권유가 있어도 "미안해. 돈이 없어." 하고 말하면 친구는 이 사실이 기막히다고 생각해 다가오지 않게 됩니다.

한편 "돈 없어도 괜찮아. 내가 대신 내줄게." 하고 말하는 친구라면 틀림없이 당신을 진짜로 필요로 하는 친구입니다. 이처럼 돈이 없으면 얽매임에 좌우되지 않고 가고 싶은 장소에만 한정해서 갈 수 있게 됩니다. 하고 싶지 않은 일을 그만둘 수도 있습니다.

반대로 돈이 있으면 '하고 싶지 않은데 할 수 있으니 하고 만다'든지 '갈 수 있으니 가고 만다'와 같이, 하고 싶지 않은 일만 늘어나고 맙니다.

돈이란 것은 불행한 관계가 끊어지지 않도록 지속시키는 구조라고 해도 과언이 아닙니다.

돈이 없어지는 것을, 자기를 혐오하는 자신을 다시 응시해 자애로 거듭나는 기회로 활용할 수 있습니다.

돈과 관계없이 하고 싶은 일만 한정해서 하면 당연히 돈은 없어집니다. 먼저 이 상태가 되어보는 것입니다. 그리고 돈이 없어져도 만나주는 사람하고만 만나서 꼭 하고 싶은 일만 합니다. 이 상태를 확대해서 돈을 늘여 나갑니다. 이렇게 함으로써 자기 주변의 인간관계를 자기혐오에 기초한 것에서 자애에 기초한 것으로 변화시킬 수 있습니다.

나 자신은 대학에서 돈을 받고 있으므로 이런 상태가 된 적은 없습니다만, 실제로 이러한 상태로 즐겁게 사는 친구를 몇 명 알고 있으므로 불가능하지 않다는 것은 증명되었다고 생각합니다.

물론 돈이 부족하면 생활은 어렵겠지만 돈이 있는 것 또한 큰일입니다. 성서의 〈마태복음서〉 19장에 다음과 같은 구절이 있습니다.

예수께서 제자들에게 이르시되 내가 진실로 너희에게 이르노니 부자는 천국에 들어가기가 어려우니라. 다시 너희에게 말하노니 낙타가 바늘귀로 들어가는 것이 부자가 하나님의 나라에 들어가는 것보다 쉬우니라 하시니.

나는 젊었을 때 이 구절을 읽고 "무슨 소리 하는 거야" 하고 생각했는데요. 그러고 나서 수십 년이 지난 지금은 돈의 중요함을 절실히 느끼는 동시에 돈의 무서움도 뼈저리게 느끼고 있습니다.

돈이 있으면 불행을 은폐할 수 있으므로 견디기 힘든 불행이 고착화되어 수십 년도 넘게 계속 확대될 수 있습니다. 행복하게 보이는 부잣집이 실은 말도 안 되는 불행한 집이었다는 사례를 나는 너무도 많이 보아 왔습니다. 부자는 가난한 사람 같으면 도무지 견딜 수 없는 불행을 돈의 힘으로 견디고 속입니다. 그렇게 말도 안 되는 상태를 계속 만들어 냅니다. 실로 무서운 일이 아닐 수 없습니다.

자기혐오의
정체

자기혐오의 원류는 부모와의 관계에 있습니다. 육체적 학대를 당한 아이만이 아니라 얼핏 '옳고 훌륭하게 보이는' 육아라고 해도 마음의 상처는 형성됩니다. ... 아이를 사랑하지 않고 아이를 뭔가에 이용하기 위해 엄격하게 키우는 방식을 사람들은 종종 '이상적인 육아'라고 인식합니다. '애정이 없는데도 사랑하는 시늉을 한다. 바쁘지 않은데도 바쁜 척을 한다.' 감정과 말이 일치하지 않는 부모의 모순된 커뮤니케이션이 반복되면 아이는 '진짜 마음을 표현해서는 안 된다'는 세계관이 만들어집니다. 이것은 자신의 감정은 악이라는 감각을 낳고, 이것이 자기혐오의 싹이 됩니다.

어떻게 하면
자기혐오에서
벗어날 수 있을까?

지금까지 자기혐오를 안고 있으면 어떤 일이 일어나는지 이야기했습니다. 이렇게 생각하는 분도 있겠지요. "자기혐오가 있으면 그렇게 안 좋은 일만 일어난다면 어서 자기혐오를 손에서 놓는 방법을 알려주세요."

여기서 전하고 싶은 것은 자기혐오에서 벗어나기 위해서는 '자기혐오로부터의 탈출'을 목표로 해서는 안 된다는 것입니다.

A.
자기혐오에서 벗어나는 것을
목표로 하지 않습니다.

이 장에서 상세하게 이야기하겠는데요. 자기혐오는 어

릴 때 뇌리에 박혀 있어서 그것을 스스로 바꾸는 데는 무리가 있습니다. 자기혐오에서 탈출하려고 하면 탈출할 수 없는 자기를 혐오하게 되는, 이른바 부정적 악순환에 빠질 뿐입니다. 그러면 어떻게 하면 좋을까요?

포인트 1. 자신의 행동이 자기혐오에서 나온다는 사실을 자각하기 / 포인트 2. 자기혐오에 의거하지 않는 행동, 자신의 능력, 자신과 타인과의 관계를 늘이기

자기혐오로부터 의식을 멀리하고 자애의 순간을 늘려나가는 것입니다. 이렇게 함으로써 자기혐오의 숨쉬기 힘듦에서 서서히 해방되어 가는 겁니다. 자기혐오에 주의를 기울이는 것이 아니라 자애에 주의를 기울이는 거죠.

그러면 자애를 활성화하기 위해서는 어떻게 하면 좋을까요?

이 책에서도 가끔 이야기했는데요. 키워드 중 하나가 '신체'입니다. 자신의 신체감각에 집중함으로써 자기혐오와는 다른 모드를 작동시킬 수 있습니다.

자기혐오에서 벗어나기 위해서는 '자기혐오로부터의

탈출'을 목표로 해서는 안 됩니다.

자신의 행동이 자기혐오에서 나온다는 사실을 자각하고,

자기혐오에 의거하지 않는 행동, 능력, 타인과의 관계를

늘여야 합니다.

신체감각을

회복하기

위해서는?

신체감각을 회복하기 위해서 권하고 싶은 것이 말馬입니다.

말? 그렇습니다. 말입니다. 말 매개 치료horse therapy를 권하고 싶습니다.

이번에 이 책을 쓰기 위해 관계자와 함께 고베시 롯코산六甲山 동부에 있는 후르츠 플라워 파크의 미츠이 목장에 갔습니다. 여기서는 승마 체험뿐 아니라 말과 만나는 체험을 통해 살아가는 힘을 키우는 '호스 테라피'를 실시하고 있습니다.

그저 말을 만지고 끌고 걷는 것만으로 많은 자각이 일어납니다. 예를 들면 말고삐를 끌 때도 말과 자신을 믿고 움직이지 않으면 말은 따라오지 않습니다. 무서워 흠칫흠칫하면 말이 불필요한 신호를 감지해 혼란에 빠지게 됩니다. 이것은 말이 아니라 신체감각의 이야기입니다.

신체 전체로 상대방을 믿기. 신체 전체로 자신을 믿기.

말은 상대방과 자신을 믿는 감각을 신체성을 통해 가르쳐줍니다. 인간끼리의 관계와 달리, 말은 직책과 입장 같은 것은 관계가 없습니다. 사장이므로 말을 듣고, 가난한 사람의 말을 듣지 않는 일은 없습니다. 눈앞에 있는 사람이 어떤 입장의 사람인지 말은 전혀 관계가 없습니다.

말은 단지 인간의 있는 그대로의 모습에 다가붙습니다.

그리고 있는 그대로의 자신에 다가붙음으로써 입장주의성이 옅어지고 신체의 감각이 열립니다. 원래는 인간끼리도 그런 관계를 만들 수 있습니다. 그러나 현대사회에서는 있는 그대로의 모습에 다가붙는 관계가 사라졌습니다. 그런 관계는 상상조차 할 수 없게 되었습니다.

즉, 말과 사람 사이에 형성되는 신체끼리의 관계성이 신체의 감각을 열어줍니다.

A.
신체감각을 회복하기 위해서는
입장을 뺀 관계성을 구축해봅니다.

말 매개 치료는 그것을 가르쳐줍니다. 말 매개 치료뿐 아니라 역할과 입장을 뺀 관계성을 체험함으로써 신체의 감각을 여는 일은 가능합니다. 예를 들어, 길에서 만난 전혀 얼굴을 모르는 사람에게 인사를 해보는 겁니다. 편의점 직원에게 마음을 담아 고마움을 표현해보는 겁니다. 가능하면 이웃 아이와 친구가 되어 같이 놀아보는 겁니다. 이렇게 입장을 뺀 관계가 신체의 감각을 열고 자애의 길로 안내해줍니다.

자애에
다가가기
위해서는?

자기혐오에서 벗어나려고 하면 오히려 역효과를 낸다고 말했습니다. 손에서 놓으려고 할수록 손에서 놓을 수 없는 자신을 혐오하게 됩니다. 그것보다는 다른 채널을 늘이는 발상을 하는 것이 좋습니다. '자애'로 다가가는 시간을 늘려 나갑시다.

**　그러면 어떻게 하면 자애에 가까이 다가갈 수 있는가? 그것은 감정을 신체에 접속시키는 겁니다.**

　자기혐오에 휘둘리고 있을 때는 자신의 감정을 볼 수 없습니다. 자신이 어떻게 하고 싶은가가 아니라 타인한테 어떻게 보이는지를 기준으로 움직이기 때문입니다.
　단 '자신의 감정을 본다'고 해도 그것은 간단한 일이 아니겠지요. 본다고 해도 평소 자신의 감정을 의식하는 습관이 없으면 자신이 어떤 감정을 안고 있는지 알 수 없기 때문입니다.

자기혐오에 빠져 있으면 머리와 신체가 분리되어 자신의 감정을 느낄 수 없습니다.

이 경우 머리가 아니라 신체를 통해 접근하는 편이 빠르겠지요. 신체를 이완해보는 것도 좋습니다. 스트레칭을 한다든지 매일 산책을 해본다든지 요가의 호흡법을 시도해보는 것도 좋겠지요. 그렇게 해서 신체에 말을 걸어봄으로써 외부와 내부가 연결됩니다. 즉 머리와 신체가 제대로 접속하는 겁니다.

A.
자애에 다가가기 위해서는
머리와 신체를 접속시켜봅니다.

오감에 접속하는 것도 방법입니다. 산책하면서 구름이 흘러가는 모습을 바라보거나 바람 소리를 들어보거나 꽃의

향기를 맡아보거나 보도블록의 까칠까칠한 부분을 만져보는 등. 이런 체험을 할 때 솟아오르는 감정을 주의 깊게 관찰하는 겁니다.

신체에 다가가 머리와 신체를 접속하고 자신의 감정을 음미하는 것이 자애에 가까이 가기 위한 빠른 길입니다.

물론 이렇게 한다고 해서 현실이 만사 오케이가 되는 것은 아닙니다. 예를 들어 당신이 '억측 연애'에 빠져 있다고 할 때 당신이 자애를 향해 나아가면 상대가 떨어져 나가겠지요. 왜냐하면 상대의 감추고 싶은 점, 드러내고 싶지 않은 점을 당신이 꿰뚫어보는 것을 상대는 불쾌하게 여길 테니 말입니다. 그런데 이것은 오히려 '상대가 도망가 주어 고마운' 경우입니다. 그러니 동요하지 말고 신체를 이완하고 어디까지나 당신의 감정에 주의를 집중하세요.

상대가 떠나버려 슬프면 그 슬픔을 음미하세요.

그렇게 해서 늘 자신의 감정에 주의를 집중하는 것. 이것이 자애로 향하는 길이라고 알아두기 바랍니다.

자애에 다가가기 위해서는 신체에 말을 걸어봅니다.

스트레칭, 산책, 호흡법으로 자신의 감정을

신체에 접속시키는 겁니다.

그럼으로써 외부와 내부가 연결됩니다.

이것이 자애에 가까이 가기 위한 빠른 길입니다.

자신의 지평을

살기

위해서는?

Q.

'그만 자신도 모르게 다른 사람의 눈이 신경 쓰인다.'
'주위의 평가에 휘둘리고 만다.'

이런 행동을 나는 '타인의 지평을 산다'고 표현합니다.

왜 사람은 타인의 지평을 살고 마는가. 원류는 부모와의 관계에 있습니다. 왜냐하면 나 자신이 그러했기 때문입니다. 자기혐오에 휘둘린 부모가 아이에게 '자신이 되고 싶었던 상'을 밀어붙인 경우, 즉 있는 그대로의 아이가 아니라 자기 입맛에 맞는 아이 상을 강요한 경우, 아이는 부모의 시점으로 자신을 바라보게 됩니다.

과거의 나는 부모의 시점으로 자신을 본 아이였습니다. 끔찍하게도 나의 아이 때 기억은 나의 시점이 아닌 다른 이의 시점에서 내려다본 영상이 전부입니다. 왜 그렇게 되어

버렸을까 굉장히 의아했는데요. 10년쯤 전에 그것이 어머니의 시점이라는 것을 자각하였습니다.

나의 기분과 느끼는 방식, 체감과 욕망을 내 안에서 길어내는 것이 아니라 '어머니가 나를 어떻게 생각하는가', '나에게 무엇을 요구하는가' 하는 것만을 길어올리려 하였습니다. 그리고 그 사실을 의식하는 일은 없었습니다.

이것이 '타인의 지평을 산다'는 말의 의미입니다.

내가 어머니의 시점을 살고 있음을 자각하고 깜짝 놀랐을 때부터 나의 기억이 변화하였습니다. 기억 속의 영상이 다른 이의 시점에서 내려다보는 것에서 자신의 시점에서 본 풍경으로 바뀌었습니다. 그렇다고는 하지만 아이 때의 영상에는 변함없이 다른 이의 시점이 그대로 남아 있긴 합니다.

A.
자신 안에 있는 '부모의 시점'을
자각해봅니다.

그러나 '부모의 시점'을 자각하는 것은 몹시 어려운 일입니다. 부모의 시선 속에서 계속 살아온 사람은 자신이 그 시점으로 세상을 보고 있다는 사실을 자각하지 못합니다.

그리고 진짜 알고 있는 자신의 시점이나 자신의 감정을 나쁜 것, 해서는 안 되는 것으로 느끼는 나머지, 필사적으로 밀어냅니다. 여기서부터 자기혐오가 시작됩니다.

타인의 눈을 의식하며 움직이고 타인의 안경에 맞는 삶을 살아도 스스로 만족할 수 없습니다. 나아가, 만족할 수 없는 자신을 혐오합니다. 그러나 자신의 시점, 자신의 감각은 살아가기 위한 나침반입니다. 그것을 손에서 놓으면 인생은 뒤틀립니다. 그러면 어떻게 이 뒤틀림에서 벗어날 수 있을까요.

그것은 '부모를 죽이는' 일입니다.

당연한 말입니다만 실제로 부모를 죽이지는 않습니다.

부모로부터 떨어져 '자기 안의 부모'를 죽이는 겁니다. 그러기 위해서는 실제로 떨어져 생활하는 방법도 유효하고, 부모가 시키는 대로 살아온 사람은 애써 부모가 시키는 말과 반대로 살아보는 것도 좋겠지요. 무엇보다 중요한 것은 자신이 부모의 시점, 즉 타인의 지평을 살고 있다는 사실을 자각하는 것입니다.

자기혐오에 휘둘린 부모가 아이에게 '자신이 되고 싶었던

상'을 밀어붙인 경우, 아이는 부모의 시점으로

자신을 바라보게 됩니다. 그러면 아이는

자신의 시점이나 감정을 나쁜 것으로 여겨 필사적으로

밀어냅니다. 여기서부터 자기혐오가 시작됩니다.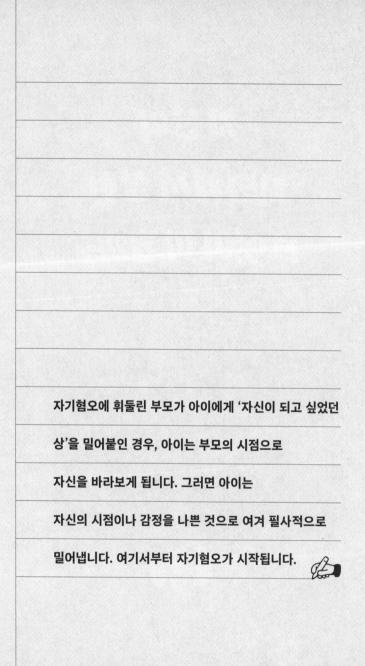

자신의
지평에서 살면
무엇이 바뀔까?

자신의 지평을 살게 되면 단숨에 인생이 바뀝니다.

먼저 숨 쉬는 일이 편해집니다. 자신의 능력을 자연스
럽게 발휘할 수 있게 됩니다. 무리한 삶이 초래하는 뒤
틀림이 사라지고 유연하게 살 수 있습니다.

물론 지금까지의 삶의 방식을 바꾸는 것이므로 불안과 망
설임이 일어납니다. 그러나 의식하지 않아도 결과는 확실히
따라옵니다. 타인의 지평으로 어떻게든 타인에게 인정받는
결과를 내려고 했을 때보다 몇 배나 큰 결과가 따라옵니다.

어떤 사람은 일의 성과를 거둘지 모릅니다. 어떤 사람은
마음의 평안을 회복할지 모릅니다. 어떤 사람은 싫어하는
사람이 주변에서 사라질지 모릅니다. 무엇이든 맛이 있고,
잠도 잘 잡니다. 외모가 예뻐지고 이상적인 체형이 됩니다.

결과를 추구하지 않을 때, 바라던 결과가 자연스럽게 따라붙습니다.

A.
자신의 지평에서 살면
모든 것이 바뀝니다.

몇 년 전의 일입니다. 내가 아는 어느 젊은 연구자가 내가 쓴 《잘 사는 방법》이라는 책을 읽고※ 자신을 회복하자고 결심하였습니다. 자신이 하고 싶은 일을 하고, 하고 싶지 않은 일을 하지 않겠다고 부인에게 말했습니다. 그러자 부인은 맹렬하게 이 이야기를 거절하였습니다. 이윽고 그는 불면증에 걸려 별거를 하게 되었고 급기야 보름 후 이혼에 이르게 되었습니다.

그로부터 반년도 지나지 않아 아무것도 하지 않았는데 체중이 10kg이나 빠졌습니다. 조금 뚱뚱한 아저씨 외모였던 그가 슬림한 청년으로 돌아왔습니다. 그는 원래 자신을

※ 한국어로는 2018년 《단단한 삶》이라는 제목으로 출간되었다.

조종하는 부인과 함께 사는 것이 괴로웠는데요. 그것을 자각하지 못하고 이혼 같은 것은 생각조차 하지 못했었습니다. 물론 살을 빼려고 한 것도 아니었습니다.

그저 '진짜 자신'으로 살려고 한 것뿐이었습니다.

자기혐오의

원류는?

타인의 지평을 살고 마는, 즉 자기혐오를 살게 되는 원류는 부모와의 관계에 있다고 했는데요. 좀 더 상세히 들여다 보기로 하죠. 무엇이 원인이 되어 마음속에 자기혐오의 싹이 자라는 걸까요?

　나는 3세 정도까지의 발달 단계에서 받은 마음의 상처가 원인이라고 생각합니다.

　　육체적 학대와 성적 학대를 당한 아이는 물론 마음의 상처를 받습니다. 하지만 그것이 아니라 얼핏 '옳고 훌륭해 보이는' 육아라고 해도 마음의 상처는 형성됩니다.

　내가 가장 심각하다고 생각하는 것은, 애정이 없는데도 애정이 있는 척을 전력으로 다하는 육아입니다. 그것은 아이를 사랑하지 않고 아이를 뭔가에 이용하기 위해 엄격하게 키우는 방식입니다. 그리고 사람들은 종종 이것을 '이상적인 육아'라고 인식합니다.

예를 들어 나의 부모가 그러했습니다. 그들은 나를 열심히 키웠습니다. 그들은 그것을 애정이라고 확신했을 겁니다. 그러나 나는 애정을 느끼지 않았습니다. 그들의 목적은 나를 '훌륭한 인간'으로 키우는 것이었습니다. 나는 '훌륭한 인간'의 재료에 지나지 않았습니다. 그리고 의도한 대로 나를 교토대학에 입학시켜 도쿄대학 교수로 만들었습니다. 단, 거기서부터는 그들의 의도와 크게 어긋나버렸습니다만.

'애정이 없는데도 사랑하는 시늉을 한다. 바쁘지 않은데도 바쁜 척을 한다.' 부모가 이런 모순을 반복하면 아이의 마음은 부서집니다.

A.
부모의 사랑하는 척이
아이의 자기혐오의 싹이 됩니다.

감정과 말이 일치하지 않는 모순된 커뮤니케이션이 반복

되면 아이는 '진짜 마음을 표현해서는 안 된다'는 세계관이 만들어집니다. 이것은 '자신의 감정은 악'이라는 감각을 낳고, 이것이 자기혐오의 싹이 됩니다. 얼마나 끔찍한 일인가요.

감정을
부정당한 아이는
어떻게 될까?

감정의 부정에 관해 조금 더 이야기해보죠. 예를 들면 가게에서 아이가 부모에게 "이거 사줘." 하고 조른다고 합시다. "안 돼." 하고 부모가 거부한다면 아이는 갖고 싶은 것을 갖지 못해 슬프겠지만 자신의 감정을 부정당하는 일은 없습니다.

　그런데 "그렇게 무엇이든 갖고 싶어 하면 제대로 된 인간이 되지 못해. 다 너를 위해 안 된다고 말하는 거야."와 같은 자세로 대한다면 어떻게 될까요.

　거기서 아이가 "알았어. 참을게."라고 말하면 부모는 "말 잘 듣는 아이구나." 하고 크게 기뻐할 겁니다. 이렇게 되면 아이는 '자기 기분을 억누르는 것 = 부모에게 칭찬받는 것'이라는 학습을 하게 되고 '사고 싶다'는 마음 자체에 죄악감을 느끼게 됩니다. '하고 싶다' '갖고 싶다'는 마음이 일어날 때마다 아이는 느껴서 안 되는 것을 느끼는 자신을 혐오하게 됩니다.

즉 부모가 아이가 가진 진짜 혼의 작동을 부정해버리는 셈이죠. 이것이 애초에 자기혐오가 만들어지는 구조입니다.

A.
"다 너를 위해서야"라는 부모의 말에
아이는 망가집니다.

'너 자신의 감정을 부정하는 것은 너를 위해서야'라는 것은 이것 이상 없는 폭력적인 메시지입니다. 완전한 폭력임에도 이것이 '가정교육'이라는 이름으로 사회적으로 승인받을 뿐 아니라 장려되고 있습니다.

자기 기분을 억누르는 것이 부모에게 칭찬받는

방법이라고 학습한 아이는 '하고 싶다'는 마음 자체에

죄악감을 느낍니다. 이런 마음이 일어날 때마다 아이는

느껴서 안 되는 것을 느끼는 자신을 혐오하게 됩니다.

왜 부모는

애정이

있는 척을 할까?

물론 애정이 있는 시늉을 하는 부모 역시 자기혐오에 기초해서 양육되었겠지요. 그 부모 또한 자신의 마음을 그대로 말로 하는 습관이 없습니다.

　나 또한 애정이 있는 척해서 키워진 아이 중 한 명이었습니다. 나의 어머니는 '완벽한' 육아를 하였습니다. 단 애정이 없는 채로.

　그 애정 없음과 육아의 완벽함이라는 모순이 나를 분열시켰습니다. 어머니의 표면은 전후 민주주의이고✽ 알맹이는 '야스쿠니의 어머니'였습니다. 전시 중의 '야스쿠니의 어머니'를 알고 계시는가요. 전사한 아들의 어머니는 끔찍한

✽　제2차 세계대전 이후 일본에 보급된 민주주의 사상과 가치관을 총체적으로 이르는 말

정신 상태에 놓이게 됩니다. 군대에 빼앗긴 자식의 시체를 슬퍼하는 것이 허용되지 않고 '야스쿠니의 신이 되었다'는 스토리를 강요당하고 기뻐하도록 강제당하기 때문입니다.

그리고 그 시대 여성의 사명은 남자아이를 출산하고 훌륭하게 키워 훌륭하게 전사시키는 일이었습니다. 야스쿠니의 어머니는 전쟁에 자식을 보내고 자식이 전사하면 방긋 웃어야 합니다. 자신이 키운 아들이 전사해도 "고마웠습니다" 하고 말해야 합니다. "슬프다" "억울하다"고 말하면 비난을 받습니다. 애정이 남아 있다면 역설적으로 훌륭한 '야스쿠니의 어머니'가 될 수 없습니다.

그래서 그녀들은 감각을 의식적으로 차단할 필요가 있었습니다.

어른은 그럼에도 무리해서 그런 시늉을 하였는지도 모릅니다. 그러나 전시에 자란 여자아이들 중에는 그것을 곧이곧대로 받아들인 아이도 많지 않았을까요. 그렇게 해서 어릴 적의 정신구조가 조형되어버리면 전후 민주주의 시대가 되어도 '야스쿠니 어머니' 마인드는 사라질 리가 없습니다. 이렇게 해서 전후 민주주의로 위장된 야스쿠니 어머니가 형성된 것이 아닌가 하고 나는 생각합니다. 그리고 나의 어머니는 그 전형적인 예라고 생각합니다.

A.
'야스쿠니 어머니' 마인드가
남아 있기 때문입니다.

자신의 감정과 신체가 단절된 채 '옳은 엄마'를 목표로 양육하는 부모 밑에 자란 아이는 자기혐오가 심어집니다. 그러한 부정적 순환이 현대 일본 사회의 기반이 되었습니다. 자기혐오로 힘들어하는 내가 그 하나의 예라는 것이 나의 생각입니다.

왜 부모는
아이를
컨트롤하려고 할까?

자기혐오에 휘둘리는 부모는 아이에게도 자기혐오를 심어버린다고 하였습니다. 이것은 아이를 학대하고 꾸짖고 야단치는 등 적극적 과정 없이도, 감정과 신체가 접속하지 않는 커뮤니케이션을 아이에게 보임으로써 조용히 아이를 망가뜨리는 일입니다.

　일견 '좋은 아버지', '좋은 어머니'라 해도 실은 아이를 속박하고 망가뜨리는 패턴은 드물지 않게 볼 수 있습니다.

　가령 내가 아는 형인 A씨의 경우, 중학생 때 이지메가 원인이 되어 학교에 가지 않게 되었습니다. 아버지는 직장 때문에 가족을 두고 홀로 타지로 부임해 육아는 전적으로 어머니에게 맡겨졌다고 합니다. 어머니는 이지메를 당한 A씨를 불쌍히 여겨 그를 학교에 보내지 않았습니다. 그 후 A씨는 우울증이 발병해 병을 이유로 집에서 놀고 있었다고 합니다. 그리고 A씨 일로 말다툼이 끊이지 않았던 부모는 그 후 이혼에 이르렀다고 합니다.

A씨는 엄마가 혼자 길러 50대가 된 지금도 금전을 비롯한 생활의 모든 면에서 어머니가 돌보고 있습니다. 이 예를 보면 혹여 일하지 않는 A씨는 나쁜 사람, 어머니는 A씨를 위해 희생한 사람으로 보일지 모릅니다. 희생자까지는 아니라 해도 적어도 A씨를 계속 돌본 어머니는 '훌륭한 어머니'인 것 같습니다.

그러나 실은 A씨의 지금 상태는 어머니가 '바란' 것이었다고 생각할 수도 있지 않을까요?

A씨의 가족관계를 조금 더 들여다보기로 하죠. A씨의 어머니는 편모슬하에서 자라는 바람에 쓸쓸한 유년기를 보냈습니다. 그녀는 언제나 주위에 사람이 많으면 좋겠다고 생각하였습니다. 그런데 홀로 타지에 부임한 남편 외에 아들인 A씨밖에 없었습니다.

내가 싫어질 때 읽는 책

집에 틀어박힌 A씨는 어머니 입맛에 딱 들어맞는 존재였습니다. 어머니는 남편에 대한 푸념을 A씨에게 늘어놓았습니다. 그리고 세상은 만만치 않은 곳이므로 집 안이 안전하다는 메시지를 아들에게 계속 보냈습니다. 그리고 '착한 아이'였던 A씨는 그런 엄마의 기대에 부응하려고 애썼습니다.

어떤 의미에서 본다면 A씨야말로 어머니의 희생자가 아니었을까요. A씨의 여동생인 나의 친구는 그렇게 생각하고 있습니다. 물론 그들의 어머니에게 악의 같은 것은 없었습니다.

자신의 무의식에 감춰진 욕망을 아이에게 강요하고 있었을 뿐입니다.

A.
부모는 자신의 욕망을 채우기 위해
아이를 무의식적으로 컨트롤합니다.

자기혐오하는 부모에게 키워지고 필사적으로 부모에게 인정받으려고 노력하는 '착한 아이.' A씨와 같은 '착한 아이'

는 부모의 욕망을 자신의 욕망으로 간주하는 나머지, 진짜 자신의 욕망을 모르게 되고 맙니다. 그런 '착한 아이'가 어느 시기를 계기로 불량청소년이 되거나 은둔형 외톨이가 되거나 손목을 긋는 자해 행위를 되풀이하게 됩니다.

부모와 교사는 "그렇게 착한 아이였는데…" 하고 비탄합니다. 그런데 이것은 '착한 아이'의 신체가 목숨을 걸고 자기를 표현하려고 하는 궁극의 SOS일 수 있습니다.

부모는 종종 자신의 무의식적 욕망을 아이에게

강요함으로써 자식을 컨트롤하려고 합니다.

'착한 아이'의 삐뚤어진 행동은 아이의 신체가

목숨을 걸고 자기를 표현하려고 하는

궁극의 SOS인지 모릅니다.

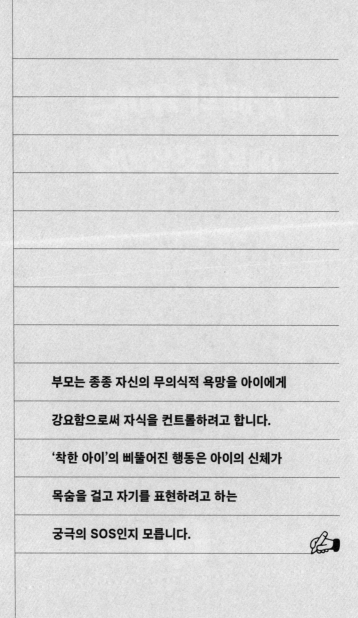

자애의 육아는
어떤 것일까?

자기혐오의 육아란 아이의 혼의 발동을 부정하는 것이라고 말했는데요. 그러면 자애의 육아란 어떤 것일까요. 그것은 실은 '육아'도 아닙니다. 아이와 함께 사는 것이므로 그렇죠. 부모가 고정되어 있고 아이만 성장한다고 생각하는 것이 일반적인 육아입니다만, 그런 일방적인 인간관계가 정상일리 없습니다.

　부모와 아이가 함께 크는 것이 정상적인 관계성입니다. 부모가 크고 아이가 함께 크는, 이것이 자애로 향하는 길입니다.

　그러기 위해서는 아이가 느끼는 것을 부모가 느껴야 합니다. 그러지 않으면 대화가 일어나지 않으니까요. 이를 위해서는 부모가 자신이 느끼고 있는 것을 느끼는 능력이 있어야 합니다. 이것이 없으면 안 됩니다. 이것은 부모 자신이 자기혐오를 벗어나 자애로 향하는 과정이기도 합니다.

A.
부모가 자신의 감정을 자각하고 아이의 마음을
길어내는 것이 자애의 육아입니다.

부모가 자기혐오에 휘둘려 자기가 느끼는 것을 파악하지 못하면 자기혐오의 덫은 확실히 부모와 자식을 사로잡습니다. 자신의 마음을 잘 모르겠다는 부모, 혹은 아이에게 모순된 신호를 보낼 것 같은 부모는 일찍이 아이를 보육원에 보내는 것도 방법입니다.

제대로 된 선생님이라고 하면 자기혐오의 부모보다 훨씬 바람직한 대응을 할 수 있습니다. 그것 이상으로 친구와의 커뮤니케이션이 그들을 키웁니다.

일본에서는 왜인지 3세 정도까지 아이는 부모가 봐야 한다는 미신이 있습니다. 그러나 그것은 제대로 된 부모가 아니면 가능한 일이 아닙니다. 그렇지 않으면 자기혐오의 부모가 자신이 컨트롤할 수 없는 아이에게 스트레스를 느껴 자칫 아이를 학대할 위험이 커집니다.

육아를 부모의 자기혐오 구멍을 메우는 도구로 삼지 않기 위해서라도 어린아이를 온종일 운영하는 보육원에 맡김으로써 부모도 여유를 찾을 수 있어야 합니다. 예를 들어 스웨덴에서는 1세를 넘긴 아이는 보육원에 맡기는 것이 보통이라고 합니다. 그렇게 하는 것이 아이의 성장과 사회화에도 도움이 된다고 생각하기 때문이죠.

아이의 혼의 발동을 주의 깊게 지켜보기. 그것을 위해 부모 자신의 혼의 발동을 억압하지 않기.

부모가 자애로의 길로 한 걸음 내디딜 때 아이 역시 자애하는 사람으로 자란다고 생각합니다.

족박하는 부모에게
어떻게
대처할까?

그러면 어른이 된 뒤에도 '악의 없는 가해자'인 부모에게 계속 당하는 경우에는 어떻게 대처하면 좋을까요. 먼저 말할 수 있는 것은 부모를 아무리 설득해도 소용없다는 것입니다. 아이를 컨트롤할 수 있다고 믿는 부모는 어떤 일이 있어도 아이에게 컨트롤 당하는 일은 없기 때문입니다.

**　그럴 때는 부모에게 충격을 주는 수밖에 없습니다.**

　그런 부모에게는 '아이는 컨트롤할 수 없는 존재'라는 것을 체감시키는 수밖에 없습니다.

A.
속박하는 부모에게는
충격을 주는 수밖에 없습니다.

'억측 연애'에서도 말한 내용인데요. 자기혐오 이외의 회로를 활성화하기 위해서는 부모가 컨트롤할 수 없는 상황에 직면하도록 만드는 수밖에 없습니다. 내 경우는 부모가 나의 이혼에 반대했을 때 연락을 끊었습니다. 그 후 10년 이상 만나지 않고 있습니다.

나의 부모, 특히 어머니는 나를 기억에서 지우지 않았을까 생각합니다. 애당초 아이에 대한 애정보다 '옳은 어머니'가 되는 것을 목표로 한 사람이었으니까 자식의 이혼은 용서할 수 없었을 겁니다. 그리고 최근의 일인데요. 저는 평소에 여성장女性裝을 하고 있습니다. 그 차림새를 하고 방송에도 나가는데요. 아들이 여성장을 하고 있다는 사실은 어머니에게 받아들이기 힘든 일일 겁니다. 어머니는 애당초 딸을 키우는 것보다 아들을 키우는 것이 가치 있다고 믿는 사람이었습니다. 아마도 '전쟁에 아들을 보내는' 일을 무의식적으로 가치 있다고 느끼고 있겠지요.

내가 싫어질 때 읽는 책

물론 나는 어머니를 괴롭히려고 여성장을 하는 것이 아닙니다. 이 스타일이 기분 좋고 안정감을 느낄 수 있기 때문입니다. 그렇지만 충격을 주고 싶다는 마음이 전혀 없다고 하면 거짓말일 겁니다. 그리고 나의 그런 의도는 아마도 성공했다고 생각합니다.

만약 당신이 자기혐오로 힘들어하는 사람이라면 어릴 때 부모와의 관계를 떠올려보는 것도 도움이 될 것입니다.

재고정리를 하는 마음으로 부모 자식 관계뿐 아니라 어린 시절의 커뮤니케이션 전체에 관해 기억을 떠올려보는 겁니다.

3~4세 무렵 당신의 기억에 남은 장면은 무엇입니까?

그 장면은 지금 당신이 겪고 있는 고통과 어떤 관계가 있나요?

자신에 대한 이런 질문도 유효하다고 생각합니다.

당신에게는 어떤 기억이 떠오릅니까?

자애로
향하기 위해
할 수 있는 것

자애의 회로를 열기 위한 다양한 방법이 있지요. 경직된 현실을 다른 시점에서 보는 '마법'은 그중 가장 강력한 후보입니다. 그리고 마법을 일으키려면 자신의 직감에 따라 움직여야 합니다. 그냥 직감으로 자신이 좋아하는 스타일을 관철해 보세요. 그것이 세상의 축과 어긋나면 어긋나 있는 만큼 마법으로 바뀝니다. 우리가 상식이라고 믿고 있는 것과 어긋나더라도 일단 움직여보고 거기서부터 발생하는 상호작용을 즐겨보는 겁니다.

자기혐오로

가득한 세계에서

무엇을 할 수 있을까?

미국의 위대한 팝스타 마이클 잭슨이 세상을 떠난 것은 2009년 6월이었습니다. 그로부터 6개월이 지난 후 나는 갑자기 마이클 잭슨의 음악에 심취해 그의 사상을 연구하게 되었습니다. 그 성과를 《마이클 잭슨의 사상》(아르테스퍼블리싱, 2021)이라는 제목으로 한 권의 책에 담았습니다.

　그의 작품은 다름 아닌 자기혐오로 뒤범벅된 세계를 꿋꿋이 살아내고 변혁하기 위한 사상을 표현한 것입니다. 여기서는 그의 최고 수작인 〈고스트〉라는 40분짜리 훌륭한 뮤직비디오를 다루어보고자 합니다. 마이클이 분장한 마에스트로는 마법사입니다. 유령이 움직이는 등 그것을 아이들에게 보여주면 아주 기뻐합니다. 그런데 마에스트로는 아이들에게 이렇게 전합니다. "이 일은 어른들에게 말해서는 안 된다."

　아이들 중에 두 형제가 있었습니다. 형은 항상 어머니에게 맞아서 어머니를 믿지 않습니다. 반면에 동생은 어머니에게 귀여움을 받아서 어머니를 신뢰합니다. 어느 날 동생이 어머니에게 이렇게 말합니다. "모두가 싫어하는 마에스트로이지만 실은 훌륭한 사람이에요!" 마에스트로가 사용한 마법에 관해 결국 어머니에게 말해버린 겁니다. 어머니는 그것을 모두에게 퍼뜨립니다. "그 마에스트로는 말도 안되는 짓으로 아이들을 홀리고 있다." 이렇게 해서 시장을 선두로 마에스트로를 쫓아내려고 그가 있는 곳에 사람들이 우르르 몰려갑니다. 그러자 동생이 호소합니다. "마에스트로는 아무것도 나쁜 짓을 하지 않았어요. 아무에게도 상처를 주지 않았으니까 그를 쫓아내려고 하지 마세요."

그러자 형이 동생을 때리며 이렇게 말합니다. "네가 엄마에게 일러바쳐 이렇게 되었지." 그러자 어머니가 "동생은 옳은 일을 한 거야. 동생을 때려서는 안 돼." 하고는 형을 때립니다.

이 도입 부분은 알기 쉽게 부모의 폭력을 표현하고 있습니다.

실제로 일어난 일은 어머니를 신뢰한 동생이 마에스트로에 관해 말하고 엄마가 그것을 배반한 이야기입니다. 그러나 어머니는 자신의 행동을 '배반'으로 인정하지 않습니다. 동생이 마에스트로를 쫓아내기 위해 스파이 활동을 했고, 그것은 아주 옳은 일이라고 생각한 거죠. 그리고 동생을 때리지 말라고 하면서 형을 때립니다.

이 바꿔치기는 폭력입니다. 그것도 엄청난 폭력입니다.

여기서 볼 수 있는 방식과 똑같은 일이 세계 곳곳의 부모 자식 관계에도 일어나고 있는 것이 아닐까요. 예를 들면 학교에서 돌아온 아이가 "누구누구가 이런 일을 했다."고 어머니에게 말합니다. 어머니는 이것을 이용해 그 아이와 그 집에 대해 나쁜 소문을 퍼뜨립니다. 그러면 아이는 결과적으로 부모의 스파이가 되고 맙니다. 부모가 믿는 '옳은 세계' 안에는 어떤 '나쁜 세계'가 있어서 그것을 전해준 아이는 '착한 아이', 그 아이는 '나쁜 세계'에 잠입한 스파이라고 말이죠.

말을 한 아이는 단지 학교에서 있었던 일을 말했을 뿐인데도 어머니를 통과하면 스파이가 되고 말지요. 이런 바꿔

치기는 일상적으로 일어나고 있습니다. 이 모순투성이의 세계에서 어떻게 사는 힘을 키우면 좋을까요.

뮤직비디오에서 마에스트로는 마법을 이용해 스스로 아이들을 구합니다. 이 마법은 영화 안에만 있는 것이 아닙니다. 이 세계에도 마법은 있습니다.

우리는 마법을 사용하는 수밖에 없습니다. 마법 없이는 싸울 수 없습니다. 예를 들면 예술이라든지 음악이라든지 사람의 마음을 흔들어대는 뭔가는 실은 '마법'입니다.

A.
자기혐오로 가득한 세계에서는
마법을 사용하는 수밖에 없습니다.

유튜브에서 〈고스트〉 뮤직비디오의 전편을 볼 수 있습니다. 꼭 한번 여러분의 눈으로 마법의 세계를 체험해보세요.

내가 싫어질 때 읽는 책

부모가 믿는 '옳은 세계' 안에는 '나쁜 세계'가 있고

그것을 전해준 아이는 '나쁜 세계'에 잠입한 스파이로서

'착한 아이'가 됩니다. 이런 모순투성이의 세계에서

우리는 마법을 사용해 싸우는 수밖에 없습니다. 👈

마법이란
무엇인가?

예를 들면 앞에서 우루과이의 무히카 대통령을 소개했는데요. 그의 말과 그가 사는 방식은 세계의 많은 사람에게 큰 영향을 주었습니다. 특히 그가 사는 방식이 각인된 얼굴, 그것은 모두의 마음을 흔들어대는 마법이라고 생각합니다. 인도에서 간디가 행한 '소금 행진'에 관해 들어본 적이 있을 텐데요. 그것 역시 거대한 마법이었습니다.

　영국 제국주의에 대한 인도 독립운동의 중요한 전환점이 된 소금 행진. 이 행진은 영국 식민지정부에 의한 소금 전매에 반대한 간디가 어느 순간 해안까지 터벅터벅 걷기 시작한 것에서 시작하였습니다. 이때 그들의 운동은 정체되어 있었고 간디는 그것을 타개하기 위해 걷기 시작했습니다. "어디로 가는 겁니까?" 하고 모두가 간디를 좇으며 묻자 간디는 "소금을 만들러 간다."고 답했습니다. "소금의 전매, 그런 것을 목표로 해서 무슨 의미가 있나?" 하고 모두들 생각했습니다. 의미가 없으니까 그만두었으면 좋겠다고 다들 생각하는 와중에 엄청난 수의 사람이 간디와 함께 걷기 시작했습니다. 그렇게 사람들이 운하처럼 밀려들어 해안에서 소금을 만들기 시작했습니다. 그리고 그 운동은 인도 전역으로 번졌습니다. 굉장한 마법입니다. 간디 혼자 걷기 시작했을 뿐인데 그것이 세계사를 흔드는 큰 사건으로 발전하였으니까요.

한 사람의 작은 행동이 소용돌이가 됩니다. 이것이야말로 마법이라고 생각합니다.

A.
마법이란 감동과 유머로
주변 상황을 바꾸어가는 힘입니다.

물론 영국 제국주의와 싸워 세계를 바꾸는 일을 일으키는 마법은 간디와 같은 대마법사밖에 사용할 수 없겠지요. 그러나 우리도 주위 사람들의 마음을 조금 부드럽게 하는 정도의 마법이라면 사용할 수 있지 않을까요.

예를 들어 어떤 만화에 강압적인 분위기의 회의 중에 일

내가 싫어질 때 읽는 책

부러 맹렬한 방귀를 뀌는 과장님 이야기가 나오는데요. 문자 그대로 '분위기(공기)를 바꾸어버리는' 이러한 그의 행동도 작지만 마법이라고 할 수 있습니다.

자애의 회로를 열기 위한 다양한 방법이 있지요. 마법은 그중 가장 강력한 후보입니다. 경직된 현실을 다른 시점에서 보는 것입니다.

이런 능력을 영국에서는 '센스 오브 유머', 즉 유머감각이라고 부릅니다. 이것은 사회를 유지하는 데 매우 중요한 힘이라고 봅니다. 어쩌면 간디는 영국에서 그것을 배워 유머의 힘으로 현상의 부조리함과 이상함을 드러냄으로써 세상을 바꾸었던 것이 아닐까요.

마법을 일으키려면
어떻게
해야 할까?

앞에서 자애의 회로를 열기 위해 감정과 신체를 접속시키자는 이야기를 하였습니다. 실은 이것도 훌륭한 마법입니다. 스스로 문득 떠오른 "이거다!"라고 생각한 것, 그것을 그대로 두지 말고 가볍게 해보기. 타인의 안색을 살펴 이렇게 하는 것이 좋다고 생각한 뒤 하는 것이 아니라, 지금 이것을 하고 싶다는 직감을 믿고 움직여보기.

예를 들면 우리가 상식이라고 믿고 있는 것과 어긋나더라도 일단 움직여보고 거기서부터 발생하는 (충돌도 포함한) 상호작용을 즐겨보기.

이런 방식이 주위 상황을 느슨하게 하는 멋진 마법이 됩니다.

A.

마법을 일으키려면
자신의 직감에 따라 움직여야 합니다.

나의 여성장女性裝도 결과적으로 마법이 되고 있을지 모르겠습니다.✱

물론 애당초 마법을 걸자고 생각한 것은 아닙니다.

다만 나 자신의 기분 좋음을 추구한 것뿐입니다.

여기서 한 가지 중요한 포인트가 있습니다. 그것은 내가 여성장을 경멸하는 시선을 단호히 거부하고 있다는 점입니다.

통상, 남성이 여성 스타일로 등장하면 손가락질의 대상이 되는 일이 많습니다. 그런데 나는 그것을 받아들이지 않습니다. '손가락질하는 당신이 이상한 게 아닐까요?' 이렇게 생각하고 있습니다. 실제로 모두가 나를 손가락질하는 것이

✱ 저자의 여성장에 대해서는 202~203쪽과 책의 맨 앞 '들어가며'의 각주(13쪽)를 참조(옮긴이)

내가 싫어질 때 읽는 책

아니라 일부 사람만이 그렇게 합니다. '손가락질의 원인은 내가 아니라 그 사람에게 있다.' 이것이 나의 결론입니다.

그러한 나의 모습과 사는 방식은 경직된 사회에서 충분히 마법이 될 수 있겠죠. 마법 같은 것을 걸자고 생각하지 않았음에도 말이지요. 그냥 직감으로 자신이 좋아하는 스타일을 관철해보세요. 그것이 세상의 축과 어긋나면 어긋나 있는 만큼 마법으로 바뀝니다.

마법은 어떻게 주변을 바꾸는가?

운을 잡는다든지 흐름을 잘 탄다는 말을 흔히들 하지요. 그러나 그것의 발단도 실은 자신이 하고 싶은 일을 하는 것에 있다고 생각합니다.

하고 싶은 일을 실제로 해보기. 거기서부터 시작하는 흐름에 몸을 맡겨 소용돌이를 만들며 확장해 나가기. 이것이 이노베이션(변혁)의 본질입니다.

중요한 것은 직감에 이끌려 움직이면서 그것이 좋은 흐름이 되고 있는지, 제대로 소용돌이가 되고 있는지 보는 것입니다. 이 행동이 주위의 인정을 받을까 생각하는 순간, 소용돌이는 멈춥니다. 왜냐하면 움직임의 중심이 소용돌이로부터 타인의 눈으로 이동하기 때문입니다. 그때부터는 타인의 눈에 맞춘 움직임이 됩니다. 서로가 직감에 따라 움직이고, 서로 재미있다고 생각하고, 함께 배우고 서로 작용할 때 소용돌이는 확대되어 갑니다.

그렇다고는 하지만 자기혐오의 회로가 강한 사람에게는 직감에 따라 움직이는 것 자체가 어려운 일입니다.

그 경우, 자신의 마음을 제약하는 한계치를 어떻게 해제할지 생각하세요. 먼저 주위의 평가에 신경 쓰는 것을 그만두고 마음에 떠오른 것을 그대로 실행해보는 것입니다.

예를 들면 어떤 동아리에서 모두들 회계(총무)를 맡고 싶지 않다고 합시다. 그렇다고는 하지만 "나는 회계 담당이 되고 싶지 않다."라고 말하면 주변의 빈축을 사겠지요. 누구라도 빈축을 사고 싶지 않을 테고, 제멋대로의 사람이라는 평가도 받고 싶지 않을 것입니다.

서로 견제하는 게임 속에서 '제멋대로의 사람이라고 평가 받고 싶지 않다'는 리미터를* 스스로 해제해보는 것입니다.

내가 싫어질 때 읽는 책

"저 회계 담당하고 싶지 않습니다."라고 말해보는 겁니다. 그러면 거기서부터 소용돌이가 만들어집니다. 그것은 제멋대로의 소용돌이일지 모릅니다. 그러나 누군가가 솔직한 말을 함으로써 다들 신경이 과민해진 상태가 해제되겠지요.

"모두 분담하는 것은 어떨까요?"

"회계 담당이 정말 필요한 걸까?"

이때부터 마치 오셀로 게임처럼❋❋ 사태가 움직이기 시작해 실은 문제 같은 것은 존재하지 않았다는 식으로 사태가 바뀌게 됩니다. 이런 사례는 많이 있습니다. 이것은 다름 아닌 자기혐오의 소용돌이로부터 자애의 소용돌이로 바뀐 순간이라고 할 수 있겠지요.

단지 한 사람이 자애의 회로로 바뀜으로써 상황을 일변시키는 것이 가능합니다.

❋ 출력 신호의 강도를 항상 설정값 이하로 제한하는 회로
❋❋ 검정과 하양의 작은 원판을 판 위에 늘어놓는 보드게임. 흑과 백 2인의 플레이어가 가운데서부터 시작해 일렬로 늘어선 상대 말의 양 끝을 자기 말로 감싸면 사이의 상대 말이 모두 내 말로 바뀐다. 검은 피부의 무어인 장군을 소재로 한 셰익스피어의 희곡 〈오셀로〉에서 게임 이름을 따왔다.(옮긴이)

A.
단 한 사람이 자애의 회로를 여는 것만으로
주위의 창조성까지 꽃이 핍니다.

이것이 '마법'입니다. 이런 마법이 없는 곳에서는 창조적
인 것과 가치 있는 일이 발생하지 않습니다. 새로운 가치는
신경이 과민해진 자기혐오의 소용돌이로부터는 조금도 나
오지 않습니다.

서로가 직감에 따라 움직이고, 서로 재미있다고

생각하고, 함께 배우고 서로 작용할 때 소용돌이는

확대되어 갑니다. 주위의 평가에 신경 쓰는 것을

그만두고, 마음에 떠오른 것을 그대로

실행해볼 때 창조적인 것과 가치 있는 일이 마법처럼

일어납니다.
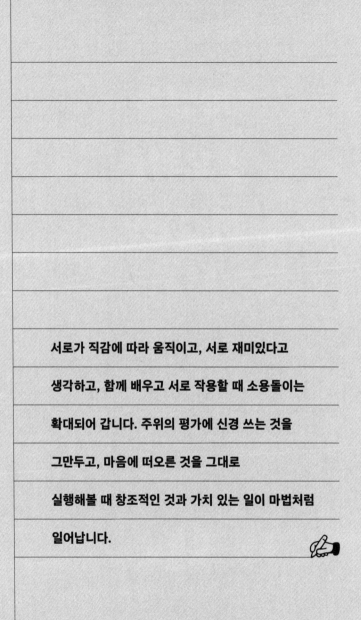

마법을
일으키는
비결은?

자애의 회로를 열고 직감과 연결되면 신기한 현상이 일어납니다. 내 연구에 대한 자랑을 좀 해볼까 합니다. 어느 때 나는 네덜란드 철학자인 스피노자의 《에티카》라는 어려운 책의 일본어 번역이 잘못되었다는 것을 알았습니다. 번역이 잘못된 곳은 스피노자 연구자들 사이에서 끝없이 논의를 거듭하고 있는 유명한 구절입니다. 물론 나는 스피노자 연구자도 아닐 뿐더러 라틴어 원서도 읽지 못합니다. 그러나 일본어 번역을 읽다 보니 직감적으로 흐름의 뒤틀림 같은 것이 보였습니다. "여기는 이상하다"고 확신하고 라틴어를 상세하게 해독해보니 전혀 새롭고 합리적인 해석에 도달하였습니다.

　똑같은 일이 《어린 왕자》에서도 일어났습니다. 나는 프랑스어를 읽지 못합니다. 그러나 《어린 왕자》만은 사전을 찾아가며 읽을 수 있었습니다. 관계가 있는 생텍쥐페리의 문헌도 말이죠. 그러자 일반적 해석의 본질적인 잘못됨을 알았습니다. 예를 들어 일본어를 읽지 못하는 사람이 〈겐지

모노가타리 源氏物語〉를❊ 연구하는 것에 비유할 수 있을 것입
니다. 내 연구는 프랑스에서도 화제가 되어 〈르봉〉이라는
잡지에 실렸습니다. 그리고 이 연구는 《누가 어린 왕자를 죽
였는가: 사랑이라는 이름의 도덕적 학대》(明石書店, 2014년)
라는 제목의 책으로 나왔습니다. 이런 일은 물론 나에게만
일어나는 현상은 아니라고 생각합니다.

　핵심은, 내용이 아니라 흐름에 의식을 집중하는 겁니다.
그러면 흐름 속의 뒤틀림이 보이기 시작합니다. 이것이 발
견으로 연결됩니다.

　**가장 중요한 것은 모르는 곳, 위화감을 느끼는 곳을 그
냥 지나치지 말고 일단 멈춰서는 겁니다.**

A.
위화감을 느끼면 멈춰서는 것이
마법을 일으키는 비결입니다.

❊ 본격 장편소설 중 세계에서 가장 오래되고 가장 훌륭한 문학작품의 하나로 꼽힌다. 세련되
고 우아한 귀족들로 이루어진 독특한 사회의 모습을 잘 그려내고 있다.(옮긴이)

자애의 회로를 열고 마법을 일으키기 위해서는 아는 척을 하지 않는 것, 알았다고 생각하지 않는 것이 매우 중요합니다. 아는 척을 하지 않는 것은 학문에 한정된 것이 아닙니다. 사람과의 만남에서도 똑같습니다.

다른 사람과 이야기를 할 때 실은 잘 모르는데도 무심코 "아 그렇군요." 하고 말하는 일이 있지요. 이때 "그것은 어떤 의미입니까?" 하고 멈춰 묻는 용기를 내는 것이 필요합니다.

자기 안에 들려오는 '뭔가 좀 이상하다' '잘 모르겠단 말이야'와 같은 작은 소리를 무시하지 마세요.

'이 위화감은 단지 내가 이해할 수 없어 생기는 것인가? 그렇지 않으면 이 사람이 말하고 있는 것이 이상한가?'라고 자신의 몽글몽글한 마음의 배경에 무엇이 있는지 탐구해보는 겁니다. 그것이 당신의 자애의 회로를 활성화할 것입니다.

흐름에
몸을 맡기려면
어떻게 해야 할까?

Q.

앞에서 운의 흐름에 올라타는 이야기를 하였는데요. 자기혐오에 휘둘리는 사람은 결코 이 흐름을 탈 수 없습니다. 왜냐하면 자신의 틀에서 나가지 않으면 흐름은 일어나지 않기 때문입니다. '이렇게 되어야 한다'든지 '이걸 해야 한다' 같은 틀에서 빠져나와, 잘은 모르겠지만 일단 움직일 수밖에 없는 상태가 되지 않으면 흐름을 탈 수 없습니다.

　그러나 자기혐오에 빠진 사람은 뭔가 잘 모르는 것을 타보는 일을 도무지 할 수 없습니다.

　부모자식 관계에 대해 이야기하면서 말했는데요. '○○하고 싶다'는 직감을 따르고 싶어도 '나는 안 되는 아이다'라는 무의식 수준의 생각이 자기혐오의 원류가 되어 이를 방해합니다. 그래서 '흐름을 타고 싶지만 이 마음을 따르면 반드시 안 좋은 일이 생긴다'는 생각도 함께 일어납니다.

단, 본인은 '○○하고 싶다'는 진짜 마음이 있어서 그 반작용으로 거절 반응이 일어난다는 사실을 자각하지 못하지요.

A.
'뭔가 이건 아닌데...' 하는
감각의 정체를 자각해봅니다.

한번 싹튼 '뭔가 이것은 좀 아닌데' 하는 감각은 필사적으로 이유를 찾기 마련입니다. "너무 무모해" "무조건 실패한다니까" "누가 책임질 거야" "서두를 일은 없잖아" 같은 이유입니다. 그러면서 흐름에 몸을 맡기는 것을 그만두든지, 아니면 계속 의구심을 갖고 흐름을 타다가 좌초하든지 둘 중 하나가 되고 맙니다. 그리고 이런 경거망동한 행동은 다시 하지 않겠다고 강하게 맹세합니다.

자기혐오를 하는 사람은 이런 식으로 흐름에 올라탔을 때 결국 브레이크를 밟기 쉽습니다.

중요한 것은 자신이 정말 좋아하는 일을 시도할 때 브

레이크를 밟을지 모른다는 것을 아는 것입니다.

개중에는 '나는 다른 사람이 말하는 것을 잘 듣고 흐름에 몸을 맡기므로 괜찮다'고 오해하는 사람이 있을지 모르겠습니다.

그러나 흐름에 몸을 맡기는 것과, 판단을 타인에게 맡겨서 타인에게 의존하는 것은 전혀 다른 이야기입니다.

자신이 노를 저을 필요는 전혀 없습니다. 흐름에 몸을 맡겨서 흐름 속에서 자유롭게 춤을 추면 됩니다. 그러나 키를 쥐고 있는 것은 어디까지나 자신이라는 사실은 잊지 말아야 합니다.

자신의 손으로
키를 쥐는
삶의 방식이란?

"흐름에 몸을 맡긴다고 하면 자신의 손으로 배의 키를 쥐지 못하는 것이 아닌가?" 생각할지 모르겠습니다.

아닙니다. 반대입니다. 자신의 손으로 배를 조종하므로 흐름에 몸을 맡길 수 있습니다.

어디로 흘러갈지 모르지만, 최종적으로는 자신이 키를 쥐고 있으므로 괜찮다고 생각할 수 있기 때문입니다. 중요한 것은 흐름에 몸을 맡기는가 아닌가가 아닙니다. 선택의 문제가 아니라 태도의 문제입니다.

타인에게 배의 키를 맡기는 것이 아니라 어디까지나 자신의 손으로 배를 움직여 간다는 태도. 이것이 당신의 자애의 회로를 열고, 당신에게 자유를 부여합니다.

누구에게도 종속하지 않고, 누구도 종속시키지 않고, 자신의 키를 자신이 쥐고 가는 삶의 방식이 마법을 만들어냅니다.

A.
자신의 손으로 키를 쥐는 삶의 방식이란,
자유를 획득하고 그것을 재미있다고 느끼는 삶입니다.

물론 지금까지 자신이 키를 쥐고 온 적이 없었다고 하면 자신이 키를 쥐는 일이 무섭겠지요.

그러나 키를 쥐고 살아가는 것은 재미있습니다. 아주 재미있고 자유로울 수 있습니다.

그것은 여러분이 직접 체험하는 수밖에 없습니다. 매일 하는 별것 아닌 일들, 예를 들면 카페에서 무엇을 마실지 정하는 일도 제대로 자신의 키를 쥐어보는 일입니다. 체험을 쌓아가면 자신이 키를 쥐는 것이 습관화되어 가겠지요.

그런데 그렇게 되면 책임이 생기는 것이 아닌가 생각하

고 꽁무니를 뺄지도 모릅니다. 중요한 것은 인간과 같이 미력한 존재는 애당초 책임 같은 것을 질 수 없다는 사실을 자각하는 일입니다.

실제로 일어나는 것은 책임을 구실로 한 타자로부터의 공격입니다. 우리가 정말로 무서워하는 것은 책임이라는 추상적인 것이 아니라 구체적인 타자로부터의 공격입니다. 그리고 자애에 기초한 인간관계에서는 그런 공격은 일어나지 않습니다. 이것을 믿고 앞으로 나아가는 수밖에 없습니다.

하고 싶은 일을
우선하면
먹고 살 수 없다?

자신의 손에 키가 없으면 찬스가 찾아와도 놓쳐버리고
맙니다. 좋은 흐름을 타기 위해서는 타이밍과 스피드가 중
요합니다. 설령 하고 싶은 일, 훌륭한 결과를 낼 수 있는 일
이라고 해도 멈칫멈칫해서 흐름을 타지 못하면 아무것도 되
지 않습니다.

　해야 할 것, 주위로부터 기대 받는 것, 입장을 지키기 위
해 필요한 것에 시간을 빼앗기고 있으면 막상 필요한 흐름
이 왔을 때 뛰어들 수 없습니다. 아니, 해야 할 것을 하고 있
어도 괜찮습니다. 막상 "이거다" "이곳이다" 했을 때, 하고
있던 일을 손에서 놓을 수 있는지가 더 중요합니다.

　여기서 중요한 것은 자신이 하고 싶은 것을 가장 우선
할 수 있는가, 해야 할 것의 우선순위를 바꿀 수 있는
가 하는 것입니다.

'해야 할 것'에 발목을 잡혀 '하고 싶은 것'의 흐름이 왔을 때 우물쭈물하고 있으면 흐름에서 멀어지게 되겠죠. 평소에 여러 연에 묶여 있는 사람은 말할 필요도 없을 겁니다.

필요하지도 않은데 시킨다고 하는 일, 타성에 젖어 유지하고 있는 인간관계… 이러한 것을 어느 정도 끊어버리는 것이 필요합니다.

"일을 줄지 모르니 일단 좀 있어보자."

"재미없지만 일단 나오라고 하니까 나가자."

이렇게 하다 보면 정말 재미있는 일이 생겼을 때 흐름에서 멀어지게 됩니다.

물론 연을 끊고 살아가는 것은 불안하겠지요. 일을 잃고 먹고 살지 못하게 되는 것은 아닌가 하고 걱정할지도 모릅니다.

예를 들어 전근대 사회였다면 자신의 인생을 살려고 하면 곧 죽을 겁니다. 여성이 "나는 이런 집에 있을 수 없습니다." 하고 집을 나가면 곧 산적 등에 잡혀서 팔리게 될 겁니다. 옛날에는 자신의 인생을 살려고 하면 죽는 일이 많았지요.

그러나 현대에는 자신의 인생을 살아도 좀처럼 죽지

않습니다. '먹고 살 수 없다' 같은 사태에 웬만해서는 빠지지 않습니다.

~~~~~~~~~~~~~~~~~~~~~~~~~~~~~~

A.
먹고 살 수 없게 되는 일은
좀처럼 일어나지 않습니다.

~~~~~~~~~~~~~~~~~~~~~~~~~~~~~~

사람이 1년 동안 어느 정도 쌀을 먹는다고 생각합니까? 아무리 많이 먹는다고 해도 120kg 정도입니다. 한 달에 10kg 4만 원짜리 꽤 좋은 쌀을 먹는다고 해도 연간 48만 원으로 흰쌀밥을 먹을 수 있습니다. 집도 시골을 찾아보면 월 20만 원 정도의 집은 얼마든지 있습니다. 전기세 같은 것 생각해서 연간 5백만 원 정도로 살 수 있습니다. 정말로.

연간 5백만 원 정도는 어떻게든 됩니다. 인터넷으로 버는 방법도 있고, 데이터 입력과 교정 등의 재택 아르바이트도 있겠지요.

그리고 자신이 논밭을 경작하거나 산나물 등을 뜯으면 실제로 먹고사는 데는 문제가 없습니다. 현대사회에서 사람은 좀처럼 가난을 이유로 굶어죽지 않습니다. 그 바탕이 되는 윤택함이 있기 때문입니다. 에도시대와 달라서 말이죠.

　나의 지인 중에 후지 히로시藤浩라는 아티스트가 있습니다. 그의 젊을 때 작품 중에 〈쌀의 사막desert of rice〉이라는 것이 있습니다. 그는 먹기 위해 일한다고 말하는 친구가 마음에 들지 않아 한 달 치 월급으로 전부 쌀을 사 모았습니다. 그러자 1톤이나 사고 말았던 거죠. 그리고 건물의 방 하나를 빌려서 이 쌀을 전부 바닥에 깔아보았습니다. 그것을 작품으로 만들어 "이것이 한 달 치 월급으로 살 수 있는 쌀입니다. 왜 먹기 위해 일한다고 거짓말을 하는 겁니까?" 하고 물음을 던졌다고 합니다.

　　　　　　　　　　　　　　　내가 싫어질 때 읽는 책

오늘날 먹고 살 수 없게 되는 일은 거의 일어나지

않습니다. 중요한 것은 자신이 하고 싶은 일을

가장 우선할 수 있는가, 해야 할 것의 우선순위를

바꿀 수 있는가입니다.

돈이 없으면
타인에게
의존하게 된다?

실제로는 먹을 수 없게 되는 것이 싫다기보다 돈이 없어 무시당하는 것이 싫다는 것이 더 큰 이유가 아닐까요.

조직과 연에서 벗어나 돈이 없어졌다고 합시다. 그런데 회식을 가자고 친구가 권합니다. 가고 싶지만 돈이 없습니다. 그렇다고 하면 상대방에게 자신 있게 물어보는 겁니다.

"가고 싶은데 돈이 없어서 그런데 이번에는 그냥 돈 안 내면 안 될까?" 그러면 "어 괜찮아." 하고 불러주는 친구와 "아무래도 좀 그런데." 하는 친구로 나뉩니다.

그럴 때 "그건 좀 그런데" 하고 말하는 사람은 실은 앞으로 만나지 않아도 좋은 사람입니다.

역으로 "그냥 몸만 와도 돼." 하고 말하는 사람은 "이런 일이 있는데 도와줄래?" 하고 일을 소개해 주기도 합니다.

'그런 것은 타인에게 의존하는 것뿐이지 않은가?' 하고 생각하는 사람이 있겠죠.

나는 졸저 《잘 사는 방법》에서 "'도와주세요'라고 말할 수 있을 때 사람은 자립한 것이다"라고 썼는데요. 여기에 많은 반발이 있었습니다. '지금까지 누구에게도 폐 끼치지 않고 열심히 살아 왔는데 '도와주세요'라고 말하는 것이 낫다는 것은 도대체 뭔가' 하고 생각한 사람이 많았겠지요. 확실히 누구에게도 의지하지 않는 것이 자립이라고 생각하는 사람이 많겠지요. 그러나 이것은 오해입니다.

많은 사람에게 의존하는 것이 자립입니다.

A.
"도와주세요"라고 말할 수 있는
관계를 만드는 것이 자립입니다.

이 원리를 발견하신 분은 경제학자인 나카무라 히사시中村尚司 선생입니다. '자립한다는 것은 무엇인가'를 철저히 생각해서 이 대답에 당도한 것입니다. 이 이야기가 쓰인 그의

내가 싫어질 때 읽는 책

논문은 사이토 후미히코斎藤文彦 편저 〈참가형 개발-가난한 사람들이 주역이 되는 개발을 향해서〉(일본평론사, 2002)에 나옵니다.

나카무라 선생은 자립하는 것은 의존하는 상대가 늘어나는 것이라고 말합니다. 통상 사람들은 자립이란 의존을 줄이는 것이라고 생각합니다. 그러나 그렇게 해서 의존을 줄여나가면 어떻게 될까요? 아무리 자립하려고 해도 사람은 누군가에게 의존할 수밖에 없는 생명체입니다. 의존할 곳을 줄여나가다 보면 어떻게든 의존하지 않고는 살 수 없는 소수의 사람만이 남습니다. 그런데 그 사람에게 거절당하면 살아갈 수 없습니다. 그렇게 되면 결국은 상대방이 말하는 것을 무조건 듣지 않으면 안 되는 관계가 만들어집니다. 이것이 종속의 관계입니다.

그것보다도 많은 사람에게 올바르게 의존하는 것이 중요합니다.

물론 무엇이든지 다른 사람에게 의존해도 된다는 뜻은 아닙니다. 정말로 곤란할 때 혼자서 끙끙대지 말고 "도와주세요"라고 전하고 대처할 수 있어야 합니다.

좀 더 말하면 자신이 곤란할 때 도움 받을 수 있는 관계성을 가꾸는 것이 자립입니다.

"도와주세요"라고 말할 수 있는 관계를 만드는 것,

자신이 곤란할 때 도움 받을 수 있는 관계성을

가꾸는 것이 자립입니다. 많은 사람에게 올바르게

의존하는 것이 중요합니다.

올바른
의존이란?

무엇이든지 다른 사람에게 의지하는 것이 아닌 올바른 의존이란 어떤 것일까요?

그것은 의존함으로써 결과적으로 서로의 관계성이 깊어지는 의존을 말합니다.

의존하는 단계에서 '내가 의존을 받아도 되는 사람이구나' 하는 느낌이 있으면 쌍방향성을 느낄 수 있는 의존입니다. 이것은 일견 서로를 구속하는 공의존共依存이라고 생각할지 모르나 전혀 아닙니다.

공의존은 지배-피지배의 관계입니다. 서로 의존하고 있는 듯 보여도 실은 한쪽이 다른 한쪽을 지배하고 있어 그 관계성으로부터 양자 모두 벗어날 수 없는 상태가 공의존입니다.

그러나 올바른 의존은 늘 쌍방이 서로 배우고 계속 변화해서 어느 한쪽의 '노'의 의사표명을 저해하지 않습니다.

A.
'노'라고 서로 말할 수 있는 것이
올바른 의존입니다.

"돈 좀 빌려주세요."라는 말을 듣고 '이 녀석에게는 빌려주고 싶지 않다고 생각하면 빌려주지 않는다. 그런데 빌려주고 싶다고 생각할 수 있는 관계라고 하면 많이 빌려주겠다.' 그렇게 하면 상대는 은혜를 입습니다.

이번에는 자신이 곤란할 때 당연히 부탁해도 좋습니다. 물론 절대로 빌려주지 않는다는 리스크 관리 방법도 있습니다. '타인에게 절대로 의존시키지 않는다. 그와 동시에 자신도 절대로 의존하지 않는다'는 것이죠.

그러나 곤란할 때 서로 돕는 관계를 구축하는 것이 언제 곤란한 일이 일어날지 모르는 인간에게 리스크 관리로는 더 효과적입니다. '의존하자'는 것은 일종의 판돈입니다. 물론 판돈은 돌아오지 않는 경우도 있습니다.

**그래서 돌려받을 수 있을 것 같은 사람, 신용할 수 있
는 사람과 올바른 의존 관계를 구축해야 합니다. 그리
고 그것은 어디까지나 서로 '노'라고 할 수 있는 관계
입니다.**

그런 상대라고 하면 점점 서로서로 폐를 끼쳐야 합니다.
서로의 판돈이 늘어나면 늘어날수록 신뢰 관계는 깊어지기
때문입니다.

신뢰할 수 있는

상대를

찾으려면?

여기서 문제가 되는 것은 올바른 의존 관계를 맺을 수 있는, 신뢰할 수 있는 상대를 어떻게 찾는가입니다.

　그것은 역시 비용을 들이는 수밖에 없죠. 시간을 들이고 실패를 거듭해서 말입니다. 그야말로 '판돈'을 걸고 배우는 수밖에 없습니다. 그리고 주의해야 할 것은 "이 대학을 나왔으니까" "이 기업에서 근무하고 있으므로"와 같은 그 사람의 직함과 직위 등을 기준으로 판돈을 걸지 않는 것입니다.

　도쿄대학을 나왔다고 해도 인간 이하의 녀석도 있고, 원전 사고에서 모두가 알게 된 것처럼 도쿄전력 같은 대기업이라고 해서 무조건 신뢰할 수 있는 것도 아니죠. 나아가 좋은 직위와 직함을 가진 사람은 자신이라는 인격의 신뢰를 높일 필요가 적으므로 직함에 안주하게 되고 따라서 인격이 도야되기 어렵습니다.

　'그 사람 자체'에 판돈을 걸지 않으면 발전적 관계는 열리지 않습니다.

'직함과 직위가 있는 게 낫다' '좀 더 위에 오르고 싶다'와 같은 영토 확장 모드를 추구하는 사람은 자신의 목적을 위해 타인을 착취하려고 합니다. 영토 확장 모드에 빠지는 이유는 그 사람의 내면에 뿌리 깊숙이 자기혐오가 있기 때문인데요. 자신의 상처를 메우기 위해 상대의 직함과 직위를 동경하는 자기혐오의 사람은 이런 사람이 노리는 최고의 먹잇감이 됩니다.

영토 확장 모드를 추구하는 상대의 의존을 받아들이고 판돈을 낸다면 그에게 착취될 뿐입니다. 본전을 찾는 일은 불가능하겠지요.

신뢰할 수 있는 상대인지 간파하려면 자신의 감각에 따르는 수밖에 없습니다.

A.
신뢰할 수 있는 상대를 찾으려면
자신의 감각을 믿는 수밖에 없습니다.

직함과 직위가 아니라 일단은 '사람으로서 좋구나' 하는 사람을 신뢰해보기. 뭔가 해줄 수 있는 것을 해보기. 그리고 함께 있어도 텐션이 올라가지 않고 온화한 마음을 맛볼 수 있는 사람. 그런 사람이라면 신뢰할 수 있는 사람이 아닐까요.

의존해도 괜찮습니다. 그렇게 해서 올바른 의존 관계를 구축하는 것이 자애에 이르기 위한 입구이고, 목표이기도 합니다.

자애로

흘러가는

방법이란?

앞에서 자기혐오의 사람은 착취 받기 쉽다고 이야기하였는데요. 조금 더 설명해보기로 하죠. 자기혐오로 힘들어하는 사람은 자신이 가치가 없다고 여깁니다. 이 죄악감을 자극하면 그는 얼마든지, 무슨 일이든 하고 맙니다.

　예를 들어 연구실에서 일본인 학생을 아르바이트로 고용해도 그냥 두면 아무것도 하지 않습니다. 그런데 아르바이트로 고용하지 않았음에도 역할 분담을 정하는 것만으로 기쁘게 일을 해주는 학생들이 많이 있습니다. 역할만 할당하면 쉽게 무보수로 일합니다.

　애당초 자기혐오와 죄악감이 있으므로 역할을 부여하면 입장이 지켜진다고 생각하고 마음을 놓는 거죠.

　이런 심성을 적절히 자극하면 얼마든지 착취할 수 있습

니다. 그들은 타인을 착취하는 데 마음의 고통을 느끼지 않는 강렬한 자기혐오의 인물이 노리는 최고의 먹잇감입니다. 게다가 그런 사람은 기꺼이 착취당합니다. 역할을 부여한다는 구실로 착취하는 방법은 조직의 여기저기에서 볼 수 있습니다.

"계장이니까 서비스 잔업 정도는 해도 되잖아."

"아르바이트 리더니까 이 정도는 참아야지."

이런 식으로 역할을 이용하는 거죠. 이것은 인간관계에도 적용 가능합니다.

"친구니까 이 정도는 해주겠지."

이것도 착취입니다.

올바른 의존과 어떻게 다른가 하고 생각하는 사람이 있겠죠. 전혀 다릅니다. '친구니까'의 패턴은 친구 관계라는 것을 먼저 상정해 '그에 걸맞은 행동을 당신은 하지 않는다. 그러므로 해야 한다'고 강제하는 겁니다. 상대방의 '노'를 인정하지 않습니다.

한편 "곤란을 겪고 있습니다. 도와주세요."라고 말하는 것이 올바른 의존입니다. 자신을 내던지고 예스와

내가 싫어질 때 읽는 책

노를 상대방에게 맡깁니다.

일본인은 아무래도 '친구니까'의 패턴에 반응하도록 훈련되어 있습니다. 이 패턴을 딱 거절하는 것, 그리고 올바른 의존에만 반응하는 것. 이렇게 함으로써 자애에 가까이 갈 수 있습니다.

곤란을 겪고 있다고 전했는데 무시당하면 어떻게 될까요? 그러면 그런 식으로 생각하는 자기혐오 모드로부터 졸업하지 않겠습니까?

"곤란을 겪고 있습니다. 도와주세요."라고 확실히 말을 꺼내봅시다. 그렇게 해서 상대방에게 자신을 맡길 때 비로소 당신은 흐름에 몸을 맡길 수 있습니다. 자애를 향해 흘러갈 수 있습니다. 어디까지나 키를 쥐고 있는 것은 당신 자신입니다. '○○하고 싶다'는 자신의 마음에 가짜가 없으므로 안심하고 상대방에 몸을 맡길 수 있습니다.

A.
키는 계속 자신이 쥐면서
상대방에게 몸을 맡겨야 합니다.

이 과정에서 재미있는 흐름이 시작되고 소용돌이가 생깁니다. 그리고 문득 자각해보니 이윽고 당신이 이르고 싶었던 세계에 도착해 있습니다. 이런 자유를 획득하는 여행에 함께 노를 저어보지 않겠습니까?

"곤란을 겪고 있습니다. 도와주세요."라고

말을 꺼내서 상대방에게 자신을 맡길 때 자애를 향해

흘러갈 수 있습니다. 그러나 키를 쥐고 있는 것은

어디까지나 당신 자신입니다. 키는 계속 자신이 쥐면서

상대방에게 몸을 맡겨야 합니다.

나가며

　졸저 《잘 사는 방법》은 고지마 나오코^{小島直子} 선생의 책에 기초해 나카무라 히사시^{中村尙司} 선생이 발견한 '자립이란 의존하는 것이다'라는 원리로부터 잘 살기 위한 학문을 도출하려는 시도였습니다. 그 책의 7장인 〈자기혐오에 관하여〉에서 "자신을 나쁜 아이로 생각하는 것이 자기혐오다"라는 명제가 책의 두 번째 공리라고 썼습니다.

　그런데 그 장은 전개가 너무 빨라 따라갈 수 없다는 목소리가 들려와 이 책을 쓰게 되었습니다. 이번에는 천천히 논의를 전개해 그 함의를 찾아낼 수 있었다고 생각합니다. 《잘 사는 방법》과 함께 읽어보시면 이해가 더욱 깊어질 것으로 확신합니다.

　내가 반세기에 걸쳐 고민했던 숙적인 자기혐오. 그 고투가 이 책에 응축되어 있습니다. 여러분의 자기혐오와의 싸움에 활용하길 바랍니다.

　　　　　　　　　　　　　　　　　내가 싫어질 때 읽는 책

사람들이 자기혐오에 휘둘려 가짜 인생을 사는 것이 결국은 집적된 거대한 폭력을 만들어 내고 인류사회와 지구환경을 계속 파괴하는 것으로 이어진다고 나는 믿고 있습니다. 한 사람 한 사람의 자기혐오와의 싸움이야말로 인류와 지구를 구하기 위한 최전선입니다.

야스토미 아유미

감사의 말씀

즐겁게 책을 쓰는 일은 좀처럼 일어나지 않습니다. 정성스럽게 쓰다 보면 페이지 수만 늘어나서 이야기를 진척해 보려고 하면 멈춰버리고 맙니다. 그래서 느릿느릿 시행착오를 하다 보면 쓸 마음이 사라지는 경우도 가끔 있습니다.

이론적 사고를 아주 좋아하는 나는 종종 논리 전개가 멈춰지지 않아 맹렬한 속도로 이야기가 전개되는 롤러코스터와 같은 책을 쓰고 맙니다. 자칫하면 그런 책은 나 자신은 대만족이고 편집자도 기뻐해 주는데요. 그런데 문제는 독자가 따라와 주지 못하는 데 있습니다.

그런데 이번 책은 그런 덫에 빠지지 않고 썼다고 확신하고 있습니다. 애당초 이 이야기는 《잘 사는 방법》을 매년 자신이 주최하는 세미나에서 많은 학생과 읽어 주신 다케바타 히로시竹端寛 선생님(야마나시 학원대학 법학부 교수)이 학생이 읽다가 막히는 점을 중심으로 저희 집에서 많은 질문을 던져 주신 것에서 시작되었습니다. 나의 설명에 대해 다케바타 선생님이 또 다른 질문을 하는 식으로 설명과 질문이 반복되다가 "이것 재미있으니까 대화를 책으로 만들고 싶다"는 이야기로 발전하였습니다.

다케바타 선생님이 주최하시는 세미나에 참여한 학생들의 반응이 없었다면 이 책은 나오지 못했을 겁니다. 이 대화 직후 다이와출판사의 미토모 다카코御友貴子씨로부터 책을 써 주었으면 좋겠다는 권유가 있었습니다. 나는 "다케바타 선생님과의 대화에 기초해 미토모 씨가 받아 적고 그것을 두 명이 교정하는 식으로 책을 만들자고 제안하였습니다. 단, 셋이 함께 호스 테라피(말 매개 치료)에 가고 게다가 온천에서 숙박하고 세 명이 유쾌하게 이야기하면서 책을 만들고 싶다는 조건을 달았습니다. 다이와출판사가 이 조건을 받아들여 주었으므로 이 책은 단숨에 즐겁게, 게다가 롤러코스터를 타지 않고 완성할 수 있었다고 생각합니다. 왜 내가 그런 조건을 달았는지 이 책을 읽어보면 이해할 수 있을 것입니다.

그리고 이 덫의 존재를 미토모 씨와 다케바타 선생에게 상세하게 설명해 주신 분이 오사카대학 경제학 연구과의 후카오 요코深尾葉子 조교수였습니다. 그녀의 지적이 없었다면 이 책은 아직 팔리지 않는 '롤러코스터 책'이 되었음이 틀림없습니다. 이 힘든 일을 혼자서 맡고 훌륭한 원고를 써 주시고 게다가 편집 작업까지 해 주신 미토모 씨의 일은 다름 아닌 사자분신獅子奮迅(사자가 맹렬한 기세로 일어남)이었습니다. 이 책이 많은 분의 손에 닿기를 바랍니다.

2016년 7월 10일
참의원선거 개표 속보를 들으며
야스토미 아유미

내가 싫어질 때 읽는 책

야스토미 교수의 이번 책《내가 싫어질 때 읽는 책》을 번역하고 음미하면서 내 머릿속에 계속 떠오른 두 가지 키워드는 '용기'와 '직감'이라는 말이었습니다. 나의 경우는 대학 교수를 그만두고 '독립연구자'라는 어찌 보면 남들이 가지 않는 길을 걷는 셈인데, 그런 삶을 살 때도 용기와 직감은 큰 버팀목이 됩니다. 애플 창시자인 스티브 잡스가 스탠퍼드대학 졸업식 때 한 연설 중에 이런 구절이 등장합니다.

가장 중요한 것은 당신의 마음과 직감에 따르는 용기를 갖는 것이다. 왜냐하면 마음과 직감은 왜인지 당신이 진짜 하고 싶은 일을 알고 있기 때문이다.

중요한 것은 잡스가 "마음과 직감에 따르는 것이다"라고 말하지 않았다는 점에 있습니다. 그는 어디까지나 '마음과 직감에 따르는 용기'라고 말하였습니다. 용기가 필요한 이유는 개인이 마음과 직감에 따르는 것을 주위 사람과 사회가 좀처럼 허용하지 않기 때문이죠. 야스토미 교수의 표현을 빌자면 그런 개인에게는 도덕적 폭력을 포함해 다양한 형태의 폭력이 가해집니다.

'그럼에도 뭔가 새로운 일을 시작할 때 먼저 주위의 공감과 이해를 구해서는 안 된다.' 잡스의 이 견식에 나는 전적으로 동의합니다. 마음과 직감에 따르는 용기를 갖는 것은 이 책에서 야스토미 교수가 말하는 자기혐오로부터 완전히는 아니더라도 어느 정도 거리를 두고 나름 행복하게 살아가기 위해 꼭 필요한 태도입니다. 그런데 마음과 직감이 이끄는 삶의 방식은 제대로 말로 표현할 수가 없습니다. 그래서 자신이 지금 가진 어휘꾸러미로는 그 길을 선택한 근거와 정당성을 설명하기가 무척 어렵습니다. 그래서 그 길로 나아가기 위해서는 꼭 용기가 필요한 법이죠. 마음과 직감에 따르기 위해 용기가 필요한 것은 많은 경우 그것이 주위의 반대를 무릅쓰고 앞으로 나아가는 것을 의미하기 때문입니다.

자, 그러면 마음과 직감의 반대는 무엇일까요? 조금만 생각해보면 알 수 있는 일인데, 뇌와 계산입니다. 뇌와 계산에 따라 살기 위해서는 특단의 용기 같은 것은 필요 없습니다. 주위 사람들이 모두 "그것이 옳다." "그렇게 살아야 한다." "그것 말고 무슨 길이 있겠냐." 하고 보증해주기 때문이죠. 야스토미 교수는 이 책에서 뇌와 계산에 기초한 삶이 아니라 신체와 직감으로 움직이는 삶이 자기혐오를 벗어날 수 있는 원동력이 될 수 있다고 말합니다. 자신의 직감에 따르면 먼저 행위가 있고 그 다음에 "왜 자신이 그런 일을 선택하였는가?" 하고 자문하게 됩니다.

그런데 애당초 직감적으로 움직였기 때문에 이유는 하

나가 아닙니다. 몇 가지가 있을 것입니다. 소설의 경우라고 하면 복수의 읽기에 열리는 작품은 풍부한 작품이라고 할 수 있죠. 그것과 똑같아서 복수의 읽기에 열리는 인간적 행동은 풍부한 행동입니다. 옳은 행동과 적절한 행동과는 다른 수준에서 풍부한 행동이라는 것이 있습니다. 그런 풍부한 행동을 하기 위해서는 주위 사람들과는 다른 시간과 공간을 살 필요가 있다고 야스토미 교수는 역설합니다.

사람이 어떤 장소를 떠나서 다른 장소로 이동하는 가장 큰 이유는 여기에 계속 있으면 뭔가 나쁜 일이 일어날 것 같다고 직감하기 때문입니다. 이것은 뇌에서 내리는 명령이 아니라 어디까지나 신체에서 나오는 메시지죠. 뭔가 소름이 돈다든지 왠지 모르지만 기분이 나쁘다든지 그런 피부감각적인 현상입니다. '알람이 계속 울린다'고 표현할 수도 있을 것입니다. 계속 몸 여기저기서 경계음이 울리는 바람에

도저히 참을 수 없어서 조금이라도 음량이 작아지는 쪽으로 신체의 방향을 바꾸거나 위치를 바꾸다 보니 문득 소리가 잦아들게 됩니다.

야스토미 교수는 그 문득 소리가 잦아든 평온한 시간과 공간에서 사는 일이 얼마나 기분 좋은 일인지 몸소 체험한 것을 바탕으로 우리에게 친절하게 안내하고 있습니다. 이 책은 자기혐오라는 시끄럽게 울리는 알람에서 벗어나서 자신의 용기를 바탕으로 한 직감에 따라 나름 기분 좋게 살 수 있는 이정표 역할을 해줄 것으로 생각합니다.

2022년 6월

박동섭

내가 싫어질 때 읽는 책

내가
싫어질 때
읽는 책

1쇄 발행 2022년 7월 25일

지은이 야스토미 아유미
옮긴이 박동섭
펴낸곳 마음친구
펴낸이 이재석
주소 경기도 안양시 동안구 시민대로 230
평촌아크로타워 지니센터 D동 5361호
전화 031-478-9776
팩스 0303-3444-9776
이메일 friendsbook@naver.com
블로그 blog.naver.com/friendsbook
출판신고 제385-251002010000319호

ISBN 979-11-91882-04-9 (03180)